目录

Part 1
妈妈的不当语气，会让孩子失去自我和安全感

1. 孩子不是你的出气筒 …… 7
2. 别在孩子面前唠叨个不停 …… 9
3. 不要高高在上地跟孩子讲话 …… 12
4. 无意间的"嘲笑"会伤害孩子的自尊 …… 16
5. 不要让孩子习惯你的吼叫 …… 18
6. 高音量并不会让孩子"服输" …… 21

妈妈悄悄话 威胁恐吓，小心孩子神经衰弱 …… 23

Part 2
跟孩子说话前，先稳定情绪再开口

1. 延迟 30 秒再回应 …… 26
2. 注重沉默的力量 …… 29
3. 留给孩子反省的空间和时间 …… 32
4. 不吼不叫，高效亲子沟通 …… 35
5. 永远不要将伤害孩子的话说出口 …… 38

妈妈悄悄话 孩子自言自语，不要急于打断 …… 41

Part 3
细聆听，请让孩子敢于充分表达自我

1. 你真的了解自己的孩子吗 …… 45
2. 用心聆听，听懂孩子的话外音 …… 47
3. 站在孩子的角度，听听他的真实想法 …… 50
4. 多给孩子一些倾诉的时间 …… 53
5. 孩子的"行为语言"，你看懂了吗 …… 55
6. 做孩子最忠实的听众 …… 58

妈妈悄悄话 怎样培养孩子说话的兴趣 …… 62

Part 4
巧沟通，理解让孩子更愿意接受

1. 沟通讲究技巧，孩子更易接受　　66
2. 别重复，说重点　　71
3. 跟孩子讲故事，别讲道理　　74
4. 用幽默的方式与孩子沟通　　77
5. 和孩子对话，而不是训话　　79
6. 让孩子感受到你的爱　　82

妈妈悄悄话 ─ 学会用非语言方式表达爱　　84

Part 5
表扬和鼓励是最美的语言

1. 孩子获得小成就，该夸孩子努力还是聪明　　88
2. 抓住细节，才能夸到孩子的心坎上　　90
3. 多鼓励孩子，而不仅仅是奖励　　97
4. 鼓励不等于过度表扬　　100
5. 鼓励不是贿赂、利诱　　104
6. 善于发现孩子身上的闪光点　　108

妈妈悄悄话 ─ 小心不经意间的消极性体态语言　　112

Part 6
多陪伴，让孩子不缺爱

1. 孩子缺乏妈妈的陪伴，影响未来的幸福度　　115
2. 陪伴是对孩子最长情的告白　　119
3. 如何做到高质量陪伴　　122
4. 孩子情绪崩溃时更需要妈妈的陪伴　　125
5. 不要以爱之名侵犯孩子的隐私　　129

妈妈悄悄话 ─ 切忌将亲子关系凌驾于夫妻关系之上　　133

Part 7
妈妈在做，孩子在看

1. 不要当着孩子的面吵架　　137
2. 言出必行，赢得孩子的信任　　141
3. 做错了，就真诚地向孩子道歉　　144
4. 悲观、消极也会"传染"　　147
5. 教育孩子，先改掉自己的坏习惯　　149

妈妈悄悄话 ─ 懒妈妈真的会培养出勤快孩子吗　　152

Part 8

聚焦不同场景，
解锁亲子交流密码

1	孩子总是哭，怎么哄都不行	157
2	你说一句，孩子顶嘴说十句	160
3	如何应对"人来疯"的孩子	163
4	孩子出口成"脏"，怎么办	165
5	应对发脾气的孩子，一起发火你就输了	169
6	孩子在公共场合大哭大闹，怎么办	171
妈妈悄悄话 孩子变"小结巴"，请这样引导他		174

Part 1

· · · · · · · ·

妈妈的不当语气，
会让孩子失去自我和安全感

妈妈的语言

影响孩子的未来

王 瑜／编绘

图书在版编目（CIP）数据

妈妈的语言影响孩子的未来 / 王瑜编绘. —北京：中国轻工业出版社，2023.7
ISBN 978-7-5184-4411-3

Ⅰ．①妈⋯　Ⅱ．①王⋯　Ⅲ．①儿童教育—家庭教育　Ⅳ．①G782

中国国家版本馆CIP数据核字（2023）第065845号

责任编辑：付　佳　　　　责任终审：高惠京
文字编辑：瀚　文　　　　责任校对：晋　洁　　封面设计：董　雪
策划编辑：付　佳　瀚　文　版式设计：华　艺　　责任监印：张　可

出版发行：中国轻工业出版社（北京东长安街6号，邮编：100740）
印　　刷：北京君升印刷有限公司印刷
经　　销：各地新华书店
版　　次：2023年7月第1版第1次印刷
开　　本：880×1230　1/32　印张：5.5
字　　数：120千字
书　　号：ISBN 978-7-5184-4411-3　定价：39.80元
邮购电话：010-65241695
发行电话：010-85119835　传真：85113293
网　　址：http://www.chlip.com.cn
Email：club@chlip.com.cn
如发现图书残缺请与我社邮购联系调换
221301Y1X101ZBW

1
孩子不是你的出气筒

作为一位妈妈，既要照顾家庭，又要在职场打拼，难免会有不顺心的时候，一肚子的烦恼无处发泄。而在你怒气正盛时，孩子随便的一句话或者一个行为，都会让你顺势将这些负面情绪发泄出来。

孩子正处于发育阶段，心理和生理都不成熟，他们正是需要父母呵护的时候。如果你将自己的一肚子气撒到孩子身上，把孩子当成你的出气筒，孩子幼小的心灵将受到伤害，严重的还会使孩子的心理遭受创伤。

小曾上小学前，一直是个活泼开朗的孩子，遇到任何事情总喜欢跟父母说，不管是开心的还是不开心的。可是上学后，他变得不爱跟父母说话了，有时候见到父母连叫都不叫一声。

小曾的父母觉得是孩子在学校受了委屈，为此，他们多次跟小曾的班主任沟通。可是小曾的班主任反馈，小曾是个很懂事的孩子，在学校的表现非常好，没有发现他跟同学闹矛盾，只是不像刚入学那时活泼了。

小曾的父母怎么也找不到孩子不爱说话的原因。一次，小曾妈妈在收拾书房时，无意中看到了小曾的日记本。小曾的日记让小曾妈妈震惊不已。原来，自己的孩子并没有在外面受委屈，相反是在家里受了委屈。小曾刚上小学时，小曾的父母因为孩子的接送问题没少争吵。一次,小曾高兴地拿着自己的画给妈妈看,谁知道换来的却是妈妈的一句:"一边去,不要烦我。"小曾妈妈当时正跟小曾爸爸怄气,就把气撒到了小曾身上。而当小曾委屈地去找爸爸时,受到的也是一样的"待遇"。

这件事对小曾的心理产生了很大的影响。以后只要父母争吵,他就会自己躲到屋子里。慢慢地,即使父母没有矛盾,小曾也不爱跟他们沟通了。

作为一位妈妈,无论什么时候把孩子当成出气筒都是不成熟的行为。孩子的心理非常脆弱,我们不经意的一件小事,在孩子看来往往就是天大的事。每位妈妈都是孩子眼中的天使,在孩子没有做错事时,他们心目中的天使莫名其妙地对他们大喊大叫,会给他们造成很大的心理落差,让他们的委屈感加倍。有的孩子在委屈感被无限放大后,会将这件事铭记在内心深处,每当妈妈跟他说话时,他会下意识地排斥妈妈的亲近。如果不能及时解开孩子心中的"疙瘩",对孩子今后的心理和性格的形成会造成很大的影响。

所以,作为孩子最亲近的妈妈,要克制好自己的情绪,特别是跟孩子相处的过程中,要将孩子的情绪放在首位,不要对孩子大吼大叫,也要避免在孩子面前对其他人大吼大叫。

2
别在孩子面前唠叨个不停

很多父母都喜欢苛求孩子,一有不满意的地方就会不停地指责孩子,总是那么几句话,反反复复、喋喋不休。殊不知,这样的话说得越多,说得越频繁,孩子越听不进去。例如,常有父母抱怨:"我家孩子老是不听话,真让人操心。同样的事我说不下几十遍,他才听得进去。"究竟是孩子不听话导致的父母唠叨,还是父母唠叨导致的孩子不听话?这恐怕是一个值得深思的问题。

心理学研究指出,当载有新信息的语言第一次出现时,对大脑的刺激最大,产生的印象最深,但同一内容反复出现,就会使大脑皮质产生某种抑制作用,自动关闭接受系统。在这种情况下,父母说得越多,不断给孩子施以相同的刺激,孩子越容易养成"心理惰性",失去对父母的敬畏感。当再次出现相同刺激时,教育效果便随之下降,甚至消失。另外,随着孩子年龄的增长,他们已经有了独立意识,如果父母总是想把自己的意愿强加在孩子身上,孩子也会产生强烈的逆反心理和抵触情绪——你说向东,他偏向西。父母越唠叨,孩子越逆反;孩子越逆反,父母越唠叨……时间长了,亲子关系就会处于恶化的边缘。

一天,小雨放学回家,向妈妈说起她同学飞飞的事情。飞飞昨天晚上离家出走了,凌晨才被找到。

妈妈担心地问:"这么小的年纪,有什么想不开的?是学习压力大,还是家里出了事情?"

小雨说:"都不是,是被他妈妈骂了。"

一旁的爸爸忍不住说道:"现在的孩子心理真的太脆弱了,自己妈妈骂一句就受不了。"

小雨却说:"意志再坚强的人也受不了别人的唠叨。本来在学校待了一天,已经很疲惫了,想着放学回家轻松轻松,妈妈却唠叨个不停,谁能受得了!"

妈妈问:"飞飞妈妈究竟说了什么?"

小雨说:"飞飞体质差,他妈妈就每顿做鱼做肉劝他吃,昨天他去奶奶家吃了一顿素,他妈妈就不停地唠叨他,他一气之下就离自出走了。"

爸爸惊讶地说:"就因为这么点事情啊!"

小雨说:"要是你们天天这么唠叨我,我肯定也受不了!"

可见,对孩子的管教不能简单化,要注入更多的爱,要根据场合变换不同的言语和方式。我们可以给孩子摆事实、讲道理,但要用尽可能简明的话语来表达,一定不要采取唠叨的方式,把一些惹人心烦的话翻来覆去地强调。孩子忘记了什么事,我们就提醒他；孩子做错了什么事，我们就告诉他错在何处；可说可不说的就不说；同时有好几件事要说的，就拣一件最重要的说，其他的事情等这件事了结后再说。父母每句都说得恰到好处，孩子反而会觉得你的话很"金贵"。

3
不要高高在上地
跟孩子讲话
● ● ● ● ● ● ● ● ● ● ● ●

孩子的自我认知能力还不健全，很多方面都透着不成熟。对于孩子出现的偏差行为，妈妈容易习惯性地指责，有时候甚至是命令式的制止，孩子就算当场服从，也会带着不开心、不服气的情绪。

如果妈妈尝试放下姿态，从孩子的视角去看问题，并和他好好沟通，效果往往事半功倍。

一位年轻的妈妈带着 5 岁的女儿去参加一个圣诞晚会。

晚会现场很热闹，有丰盛的美食、精彩的表演，还有圣诞老人的礼物，大家都玩得很开心。这位妈妈也不例外，她享受着美食，和朋友们打招呼，带着孩子去参观晚会的各个地方，自以为孩子肯定会很开心。然而女儿并不开心，还执意要求妈妈带她离开。

妈妈安慰了女儿一阵，却依旧没能改变女儿的离开之意，女儿见妈妈并没有要走的意思，直接坐在地上哭闹起来，连鞋子都掉了一只。

妈妈生气了，将女儿从地上拖起来，训斥一阵后，蹲下来给女儿穿鞋子。就在妈妈蹲下来的那一刻，她惊呆了，她发现从孩子的角度，看到的不过是一些高高的柜子和不断晃动着的大人的腿，全然不是她眼里的鲜花、美食和笑脸。这下，她终于明白孩子要离开的原因了。

孩子由于身高受限，视角比大人低，他们看到的世界和我们看到的世界完全不同。除了物理视角不一样外，孩子和大人看问题的角度也不同。

因此，在和孩子沟通前，妈妈可以尝试蹲下来，感受下孩子看到的世界以及他们看问题的角度。

美国精神病学家威廉·哥德法勃说："教育孩子最重要的，是要把孩子当成与自己人格平等的人，给他们无限的关爱。"

美国心理学家爱德华·桑代克说："父母只有站在孩子的角度看问题，才能理解孩子的心理需求，不武断地下结论，减少与孩子的冲突，赢得孩子的信任。"

在蹲下来的那一刻，妈妈不再居高临下，而是和孩子目光平视，这时二者已经不再是隶属关系，而是朋友关系。只有妈妈和孩子变成了朋友，孩子才会打开心扉，把自己的想法告诉妈妈。

所以，请妈妈们重视"蹲下来"的意义。

● 蹲下来和孩子沟通，孩子感觉到被尊重

孩子因为身高的影响，总是仰视大人，如果妈妈能蹲下来和孩子说话，孩子会觉得自己很受重视，觉得自己受到了妈妈的尊重，所以容易卸下心理防备，也更愿意去听妈妈接下来要说的话。

● 蹲下来和孩子沟通，孩子更有安全感

当妈妈蹲下来和孩子说话时，孩子会觉得妈妈变得亲近、平和，自己不会动不动就被指责和痛斥，这让孩子产生极大的安全感。从而对妈妈更加信赖，更愿意敞开心扉，把自己真实的情绪表达出来。

● 蹲下来和孩子沟通，沟通效率更高

妈妈愿意蹲下来和孩子沟通，这在一定程度上已经说明妈妈包容了孩子的错误。孩子能感觉到妈妈和他是站在同一战线上的，妈妈只是想帮他改掉这个错误。所以，对妈妈说的话会不那么抗拒，沟通效率自然就升高了。

周末的一天，悦悦和妈妈及妈妈的朋友一起去逛商场。悦悦在商场看到一款超大的变形金刚就不肯移动步子了，非要妈妈买。妈妈先是好言劝了几句，告诉他家里已经有很多个变形金刚了，不可以再买了，但是悦悦非要买，还在那里闹。妈妈心里的小火苗马上就要爆发了，非常严肃地说："我数到三，如果你不走，那我就不管你了。"说完，妈妈开始数数。

悦悦心里有点害怕，但是他真的很想买变形金刚，于是抱着变形金刚不撒手，还哇哇大哭起来。

眼看悦悦妈妈就要去拖他，妈妈的朋友赶紧拉过孩子，蹲下来安慰他："阿姨知道你很喜欢变形金刚，可是家里已经有好多了，而且商场里这么多玩具，你总不能把所有的都买回去吧。悦悦宝贝已经长大了，会控制自己了，别的小朋友做不到，相信你能做到。等会儿，你邀请阿姨去你家，看看你家里的变形金刚是不是比这里的更酷……"

悦悦听完，若有所思了一阵，竟然笑了："好啊，我给你看我最喜欢的那辆黄色的变形金刚，它真的超级炫酷……"自此，悦悦已经完全忘记了自己想买新的变形金刚了。

其实，悦悦妈妈的这位朋友之所以能成功地劝导孩子，不仅因为她蹲下来和孩子沟通，还因为她讲话时语气温和。

所以，不高高在上地跟孩子讲话还要做到用温和的语气、友善的神情。如果你蹲下来，脸还是黑得像炭，说出来的每一句话都如刀子般尖锐，语气重而凶狠，甚至出言威胁，那孩子会因为距离近，变得更加胆战心惊。

4
无意间的"嘲笑"
会伤害孩子的自尊

● ● ● ● ● ● ● ● ● ● ● ●

有些时候,一些妈妈会因为孩子干了件幼稚或丢人的事,就当众嘲笑他,甚至将其当作和朋友之间的谈资。她们把这看作是很平常的事,觉得孩子不会往心里去,拿孩子的事开个玩笑也无所谓。事实上,这些无意的举动很容易对孩子造成伤害。

孩子天性敏感,如果他们将最亲近的人的嘲讽当真,那些话语对他们来说无异于一把无形的尖刀,会深深地刺伤孩子的心。即使他们知道那些只是妈妈的无心之语或者只是个玩笑,也会觉得自己没有得到妈妈应有的尊重。而一个习惯以讽刺的态度批评孩子的妈妈,又怎么可能得到孩子真心的尊敬呢?

让我们来对比一下两位妈妈的不同做法。

5岁的小俊,在才艺大赛上由于紧张导致小提琴表演出现了失误,曲子还没拉完就哭着跑下了台。台下的妈妈非但没有安慰他,反而当着老师、小朋友和其他家长的面,嘲笑他:"在家还拉得好好的,怎么一上台就全忘了?这么多天都白练了。你可真是够笨的,居然还有脸哭!"

8岁的小栋,在一次学校的运动会上短跑得了最后一名,这让小栋在很长一段时间都很难过。妈妈关心地问:"儿子,还在为运动会的事难过吗?"小栋委屈地说:"是啊,我居然得了最后一名,太丢人了。""你有没有想过为什么会这样呢?"妈妈说,"你的年纪比其他参赛者都小,他们比你长得高大,腿也比你长。我问过你的体育老师,他说你是同龄孩子中跑得最快的,姿势也很棒。这场比赛对你来说并不公平。妈妈相信,以后你一定跑得比他们快。"听了妈妈的话,小栋很快就从失意中走了出来。

小俊妈妈的做法是不可取的,在她看来,孩子成绩的好坏事关自己的"脸面"。所以,孩子一旦做错了便指责、埋怨甚至挖苦,而这样只能给孩子的心理蒙上阴影,还有可能导致小俊对拉小提琴彻底失去信心。

明智的妈妈应该向小栋妈妈学习,首先要保持平和、坦然的心态,帮助孩子找到问题的症结,用鼓励、循循善诱等方法帮孩子摆脱不良情绪。"其实开头的段落你拉得还是不错的。因为这是你第一次当着这么多老师和小朋友的面表演,所以紧张是难免的,以后再有几次这样的机会,你就会慢慢适应了。"如果小俊妈妈能这样肯定小俊的成绩,相信小俊一定能够做得更好。

孩子正处于性格形成期,有着强烈的自尊心。语言的伤害不像皮肉伤害可以一眼看到,正因如此,有些妈妈往往忽视了自己的言语可能给孩子带来的精神创伤,殊不知,它比皮肉伤害造成的后果更严重。即使妈妈的"语言攻击"已经停止,伤害仍然会存在于孩子的内心,甚至会像一个巨大的阴影笼罩孩子一生。所以在任何情况下都不要讽刺、嘲笑孩子。

5
不要让孩子习惯你的吼叫

● ● ● ● ● ● ● ● ● ● ● ●

作为妈妈，在孩子不听话或者做错事的时候，你有没有冲着孩子吼叫过？相信很多妈妈的答案是肯定的。而且吼叫也产生了一定效果，孩子在你的一通吼叫后，变得听话懂事，甚至会无条件地服从你的指令。但是下一次呢？下一次遇到同样的情况后，孩子依旧会在你的吼叫后变得听话懂事吗？

国外研究显示，88%的父母在孩子婴幼儿时期冲他们吼叫过，而98%的父母在孩子7岁时对他们吼叫过。虽然大声吼叫能够迅速让孩子妥协，但并不是教育孩子应有的方式。吼叫传递给孩子的信息仅仅是不能做这件事，或者不能这样做某件事，但是却没有告诉孩子为什么不能这样做，应该如何去做。因为孩子没有得到正面的指导，所以他们的坏行为才会循环反复。

一天晚上，小志因为着急玩玩具，以最快的速度写完了作业。晚上，小志妈妈在检查完小志的作业后，大发雷霆，她对着小志一通吼："你怎么不长记性？这道题你是真不会吗？昨天明明还写对了。你写作业的时候到底在想什么？不许玩了，给我重写！"说着，就将小志写好的作业撕了。

小志看着自己被撕掉的作业本，非常生气，他早就习惯了妈妈对他的吼叫，嘴上不敢顶撞妈妈，心里却想着："我就不好好写，看你能拿我怎么办！"

就这样，小志敷衍着写了一遍作业，又被妈妈一通吼。小志妈妈本想将小志的作业再撕掉，可是看时间已经快十点了，只好指导小志在刚写好的作业上进行修改。

小志的作业是改好了，可是他自己完全不记得作业写了什么，也没有从中学到什么，而且小志并没有意识到自己不认真写作业的危害，没有意识到自己的错误，他只记住了自己在与妈妈的对抗"战役"中成功了。

在小志妈妈的朋友和亲戚看来，小志非常聪明、懂事，学习成绩也好，而且还会弹钢琴、写书法。可小志妈妈自己最清楚，别人眼中优秀的小志完全是自己"吼叫教育"的结果，现在小志的年龄越来越大，也越来越有自己的主意，自己的吼叫似乎越来越不管用了。

孩子的成长都会经历一定的逆反时期，偶尔不听话是再正常不过的事情了，妈妈在"对付"逆反的孩子时，一定要克制住自己的脾气，不要吼叫、大声斥责孩子，否则不但没法管教好孩子，反而会让孩子习惯你不负责任的吼叫。

孩子在尚未形成健全的独立人格前，在很多事情的处理方式上都会模仿他人，尤其是最亲近的妈妈。妈妈的一言一行都会对孩子造成深远的影响，所以在与孩子两个人进行沟通时，无论孩子犯了什么错误，妈妈都要控制自己的情绪，温柔而坚定地批评、指导，让孩子明白你对他的尊重和爱护，孩子也会以同样的举动回应你。

6
高音量并不会
让孩子"服输"

• • • • • • • • • • • • • •

　　妈妈在教育孩子时，容易不由自主地提高音量，这不仅仅是怒气所致，更是对自己威严的一种展示。当你想要居高临下地压制孩子时，孩子可能一时被你的威严唬住了，顺从了你的要求，但孩子会在心里无限缩小甚至忽略自己的错误，同时产生一种是因为惧怕你的威严而放弃自己行为的错误想法。孩子会将更多的注意力放在如何"对付"你的威严上，而不会去思考自己的行为到底正确与否。

　　浩浩6岁了，跟别的小朋友在一起玩时经常忘了时间。浩浩妈妈规定他下午五点半必须回家吃饭，饭后还要练钢琴，可是浩浩总忘记和妈妈的约定。浩浩只要回家晚了，浩浩妈妈就会对着浩浩喊几句："我每天都能按时做好晚饭，你怎么就不能按时回家！""你都这么大了，怎么就知道玩？"

　　有一次，浩浩又没按时回家，浩浩妈妈气冲冲地下楼找浩浩。当时浩浩正跟小朋友们玩得热火朝天，浩浩妈妈把浩浩从孩子群中拉出来，毫不顾忌地对他大呼小叫一通，而浩浩没有像在家时那么听话，反而大哭大闹，别的小朋友眼巴巴地看着浩浩被妈妈拉回家。而浩浩不但没觉得是自己违反了妈妈的规定，反而觉得妈妈依仗自己是大人就欺负小孩，让自己很没面子。

　　后来，浩浩为了显示自己在与妈妈的对峙中没有落下风，依旧经常不按时回家。

像浩浩妈妈这样的父母非常多，平日里对孩子还算和善，可是一旦遇到问题或者自己情绪不好时，就会以发泄情绪的方式对孩子大吼大叫。这样做虽然暂时在与孩子的对峙中占据了优势，但是孩子并不一定会"服输"。而且孩子在多次经历过妈妈高分贝的吼叫后，就很难再接受心平气和的对话方式了。

此外，高分贝的"吼叫教育"会令孩子产生不良情绪，而这些不良情绪会影响孩子的身心发展，越小的孩子受到的伤害会越严重。心理学专家通过研究发现，1岁的孩子在听到吼叫后，智力发展会放慢，经常听到吼叫的孩子，还会在今后的成长中具有好斗的行为。

在教育问题上，不是声音越大收到的效果越好，音量与效果往往成反比，"吼叫教育"的效果基本为零。而轻声细语能够平复人的情绪，使人更加理智。所以放低音量与孩子沟通，往往更容易被孩子接受。

放低音量与孩子说话，不仅能够平和孩子的情绪，还能让孩子感受到你对他的尊重，让孩子明白你们是在平等交流，这样孩子会下意识地思考自己的问题所在。

所以，当孩子犯错时，一定要压制住自己的怒火，控制好音量和语气，更多地去动之以情、晓之以理。

妈妈悄悄话

威胁恐吓，小心孩子神经衰弱

生活中，有些妈妈可能会说，既然打骂不行，那我就吓唬吓唬孩子，他肯定会不敢再犯错，乖乖地改正错误。殊不知，即使孩子在恐吓之下真的有所改正，其实，很多时候也是表面上的，至于内心是不是真的服气，还是个未知数。

长期这样对待孩子，会对其造成不良后果，严重的甚至可能将孩子吓成神经衰弱。

小美是一个聪明活泼的孩子，但比较调皮，在小朋友群体中常常扮演大姐大的角色，她总有很多新奇的想法，并且能煽动和带领其他小朋友根据她的想法去做一些游戏，常常弄得家里鸡飞狗跳，妈妈训斥多次，仍然不见效果。

有一次，她和小朋友在小区里的游乐场玩，竟然撺掇其他小朋友把游乐场旁边的草都拔光了。随后，他们被小区物业的人狠狠批评了一顿。妈妈当天很生气，威胁她，如果她还这么捣蛋，就把她扔了。妈妈这么一说，效果很明显，接下来好多天，小美都安分了许多。

妈妈在心里暗喜，觉得威胁恐吓比她平时唠叨、吼叫的效果还好，因此，用上瘾了。"你再不把玩具收拾好，我就把你关小黑屋""你吃饭的速度还这么慢的话，我就把你丢到垃圾桶里"……随着妈妈的恐吓越来越多，小美变得精神紧张，生怕自己一不小心又犯了错。原本好动、爱玩、思维活跃的小美开始变得文静、注意力不集中、记忆力下降，做事也畏首畏尾，甚至晚上睡觉说梦话都在喊着："妈妈，别把我扔了……"

如果小美除了出现注意力不集中、记忆力下降、乏力的表现，还常常感到头痛、头晕、食欲不振、经常做噩梦、对刺激过度敏感、怕光或声音，这有可能是神经衰弱的表现，必须引起重视，及时就医。不然，继续发展下去的话，极可能诱发抑郁。

在很多妈妈眼里，威胁恐吓也是一种教育方式，自认为这是一种效果好、屡试不爽的教育方式。但是，对于认知还不成熟的孩子来说，威胁恐吓很容易被孩子当真，他们也会因此变得谨小慎微。

孩子是非常敏感的，他们依赖妈妈，最怕被抛弃，因此，很多时候妈妈随便恐吓的一句"妈妈不要你了"，都会给孩子的心灵造成很大伤害。

如果孩子已经出现了神经衰弱的症状或是有这方面的倾向，一定要引起重视，并积极治疗。妈妈也应该反省自己并及时对孩子进行疏导，多鼓励他，减轻他的思想负担。

Part 2

....

跟孩子说话前,
先稳定情绪再开口

1 延迟 30 秒再回应

在成长的过程中,孩子由于思虑不周全或者好奇心太强,常常会给大人带来一些意想不到的"麻烦"。他们会把你"狠心"买下来的口红当画笔;他们会故意去踩水,弄湿新买的衣服……

妈妈在面对这些情况时,虽然知道要控制自己的情绪,但是一旦遇上,整个人都像被引爆的炸弹一样,很容易就会情绪崩溃、歇斯底里,对孩子大吼大叫。

2018 年 1 月,在福建福州某小区,一个小学五年级的男孩期末考试没考好。身为老师的妈妈看到成绩后立马火冒三丈,在家中和孩子发生了争吵,然后一怒之下把孩子用手机充电线勒死了。而这位妈妈想通过割腕自杀的方式结束自己的生命,却没成功,最后跳楼身亡,留下悲伤痛苦的爸爸一辈子都走不出阴影。

据了解,这个男孩其实很优秀,也很乖巧,而在这次期末考试中,语文考了 89 分,数学 98 分,英语 97 分,语文虽然分数不是特别高,但是全班最高分也才 94 分。他如果一直这样优秀,说不定未来会考上一所重点大学,拥有幸福的生活。然而,就因为一次考试成绩没能达到妈妈的要求,一切都葬送了。一个年轻的妈妈,一个年幼的孩子,两个活生生的生命就这样离去,一个原本幸福的家庭变得支离破碎,让人唏嘘不已。

从这个悲伤的例子中我们可以看出，这位妈妈是一位老师，文化水平不会低，然而她成了情绪的奴隶，不但害了自己的孩子，也害了自己。如果可以再来一次，想必她肯定不会以这样惨烈的方式来发泄自己的情绪。

但是，这个世界上根本不存在"如果"，在情绪被引爆的那几秒、几分钟，很可能就将身边的人也燃烧得只剩下灰烬。所以在遇到事情的时候，深呼吸，延迟 30 秒或者更长的时间来缓冲自己的情绪，再给出回应。

情绪缓冲妙招，请了解一下。

● 要有控制怒火的意识

当想要对孩子发火的时候，妈妈自己先要有压住怒火的意识，而这样的意识其实源于生活中的多次反省。在每次对孩子发火后，妈妈自己要多反省，提醒自己下一次要控制住自己。当下一次处于情绪爆发的边缘时，意识将觉醒，情绪逐渐稳定。

● 数数字

妈妈可以试一试数数字的方法，从 1 数到 10，数到 20，再数到 30，借以缓解自己的火暴脾气。如果数到 30 不行，就继续数，数到自己可以平和地面对孩子为止。

● 暂时离开

很多人一旦处于情绪崩溃的边缘，会乱了阵脚，不知道要干什么，有些人甚至会在家里来回暴走，越看孩子越生气，以致对孩子做出不可挽回的事情。此时不妨先憋住火气，离开一会儿，不和孩子正面交战，等慢慢恢复理智，再冷静地和孩子沟通。

- **自我警示,看看让你觉得"孩子很不错"的照片**

不妨将孩子获奖或者孩子最乖巧、最萌的照片等放在家里最显眼的位置。在自己要对孩子发火的时候,有意识地看一眼,用另一种心境去压制满腔怒火,延迟一会儿再做出反应,这时的自己肯定跟最初状态有所不同。

回过头来看看上面例子中的妈妈,如果她能提升自己控制怒火的意识,并采取数数字、暂时离开等方法来缓冲自己的情绪并延迟给出反应,至少不会让自己完全失控,而这个让人痛心的惨剧也就不会发生了。

2
注重沉默的力量

....

远古时期,女人采集食物,男人狩猎,由于这个原因,男人比女人少说话。据不完全统计,女人每天平均说的话比男人要多好几倍,尤其是当了妈妈的女性。因此,"啰唆"一词也成了妈妈的代名词或者标签。

其实,真正有效的语言并不在多,而在精,有时不说,用微表情去表达,反而会有让人意想不到的效果。

我国著名思想家、文学家、哲学家胡适在《我的母亲》中写道:"我母亲管束我最严,她是慈母兼任严父。但她从来不在别人面前骂我一句,打我一下,我做错了事,她只对我一望,我看见了她的严厉眼光,便吓住了。"

当孩子犯了错后,胡适的妈妈没有选择叽里呱啦说一大堆,而是用沉默、用眼神来告知胡适——你这样做不对,这既保住了孩子在外人面前的面子和尊严,同时也给了孩子一个震慑作用,让孩子自己去领会其中的深意。

所以,胡适才感慨:"我在我母亲的教训之下住了九年,受了她的极大极深的影响……如果我能宽恕人,体谅人——我都得感谢我的慈母。"

有时候,言语上的反复训斥不仅不会让孩子感觉自己错了,也不会激发孩子去思考自己错在哪里、正确的行为应该是怎样的。而胡适的妈妈用一个微表情来传达,以沉默代替千言万语,让胡适养成了懂得宽恕人、体谅人的好品质。

然而，有些妈妈却因为孩子犯了点小错就不依不饶，觉得孩子犯了无法宽恕的大错。由于长时间因为一些小事被妈妈唠叨不已，误以为一件小事也是一件不可饶恕的事情，这些孩子心理承受能力变差，最后走向极端。

一名小学生因为打破了学校一块玻璃，留下一封遗书就跳楼身亡了。他的妈妈哭得肝肠寸断，不断地喊着："对不起，孩子，一扇窗户没什么要紧的，都怪我平时对你唠叨得太多，责备得太多……"然而，遗憾的是，无论她怎么悲号，孩子都听不到了。

据了解，这个孩子的妈妈在孩子还小的时候就离异了，自己文化水平也不高，从事餐饮服务。她要养家、养孩子，最近还买了一个小房子，所以生活压力大，成天对孩子唠叨要如何节省。有一次，孩子找不到尺子了，就自作主张买了一个，结果原来那个又找到了。因为这事，他被妈妈数落了四五天。他心里很愧疚，觉得自己犯了很大的错误，对妈妈发誓以后肯定收好自己的东西，不浪费家里的钱财。

类似这样的事情不是一件两件，最后一块玻璃压垮了孩子。

孩子初来人世，在价值观方面是一张白纸，很多时候，被父母添上了什么就是什么，并在周围的环境下慢慢地树立和形成。

例子中，如果妈妈没有对于一些小事过度纠结，并通过唠叨传达给孩子，让孩子有一种"钱财非常重要，自己一旦浪费或额外地造成损失，妈妈会很难受，自己会被责备很长时间"的理解，并逐渐形成了"钱财也许比生命还重要"的错误价值观，他也不会用如此惨烈的方式来逃避。

唠叨在很大一定程度上所展示的就是"反复强调"，妈妈强调的次数越多，在孩子的眼里会觉得妈妈对此非常重视和在意，映射到孩子身上，他也会觉得这件事非常重要，对此十分在意。

其实，上了小学的孩子做错了事，内心多少是有一些感知的，如果妈妈能在小事上不过于啰唆，用短暂的沉默留给孩子自己反省的机会，然后在孩子知错时云淡风轻地笑一笑，孩子的心理负担就不会这么重，不会被囿于一些小事，从而变得心胸开阔起来。就像胡适的妈妈那样，**言语上的放过，有时候是行为上的克制**。

3
留给孩子反省的空间和时间

● ● ● ● ● ● ● ● ● ● ● ●

"不是那样做,是这样做""你到底知不知道自己错在哪里""你怎么回事,我就问你,懂了没有"……妈妈愁眉苦脸,抑扬顿挫又带着点歇斯底里地不断追问孩子,根本没有留给孩子反省和思考的空间。往往在这个时候,孩子会因为厌烦妈妈的唠叨,或是迫于妈妈的权威和指责而不得不假装自己已经懂了,重重地点头。可是,类似的情况再出现时,他又会犯同样的错。

有些事情,妈妈说再多遍,孩子自己不去反省和思考,就无法理解到位,相同的错误会反反复复犯,妈妈又会反反复复强调,形成一种恶性循环,弄得妈妈和孩子都筋疲力尽,这在辅导作业方面体现得尤为明显。

小杨是一个还算聪明的孩子,但是,最近他感觉自己有点无所适从,在数学学习方面变得越来越没自信。每次考试错了一两道题,妈妈拿到卷子一看,不管三七二十一就开始讲解,可是他连题目都还没来得及再看一次,妈妈看到他没什么反应,就又讲解了一遍,然后不断地问:"懂了吗?"小杨每次生怕妈妈生气,就只好点头说懂了,其实他根本没懂。下次考试出现类似的题目,他还是会错。

例子中的妈妈在给孩子讲题时,只顾着自己讲解,在效果上急于求成,没有留给孩子独立思考的空间和时间去理解、去领悟,才会造成"妈妈嘴皮子说得发烫了,孩子还是没有真正掌握"的情况。其实,针对这种情况,妈妈可以尝试把速度放慢,将急切的心压抑住,试着用简短的话语提示孩子,然后让孩子自己去思考。他一旦想明白了,会很有成就感,并且会有更深刻的理解并能长久地记住。

这跟老师上课很像,老师如果针对一个难点反反复复地讲,却在一开始的时候没有引导孩子去思考、去解决问题,那题目只要稍微变化一点,他们就会解不出来。

当然,除了辅导学习,在生活中的其他方面,妈妈也要留给孩子足够的时间和空间去思考,让他们从内心深处去领悟,这样才能真正地取得理想的效果。

小路是个调皮的孩子,他总喜欢抢别人的玩具。每次去朋友家玩,或是在小区游乐场玩,只要看到别人的新奇玩具,他就会上手抢,抢走后自己玩。

每每发生这样的事情,小路的妈妈会很生气,然后对小路讲一大堆道理。小路虽然噘着嘴听了,但其实很不服气,完全没意识到自己错了。下次遇到同样的事情时,小路还是会抢别人的玩具,很是让人头疼。

在孩子是非观念还没形成的时候,妈妈对孩子讲道理是很有必要的。但是如果多次讲道理仍然没有效果,那说明妈妈过多的言语并没有被孩子所接受,或者说这些讲道理只是妈妈的思考,而孩子并没有深层次地去思考和体会。

因此,当再遇到相同事情的时候,妈妈可以让孩子自己进房间,好好反省,思考自己错在哪里,然后对妈妈讲一遍正确的做法。他说出来的才是他真正理解的和感悟到的,如此,才能让他慢慢养成正确的是非观。

4

不吼不叫，高效亲子沟通

• • • • • • • • • • •

赵赵喜欢读书，尤其喜欢童话故事中那些身怀绝技的动物形象，每次看到有意思的故事时，他都会和妈妈一起分享自己的动物"偶像"。

一天，赵赵又看到一个喜欢的故事，他反复读了两遍，兴高采烈地想和妈妈分享。赵赵妈妈正在洗衣服，看到赵赵讲得非常兴奋，就放下手中的活儿去给赵赵找画画的纸和笔。可是当赵赵妈妈拿着纸和笔回来时，眼前的一切让她怒火中烧。赵赵正拿着爸爸的签字笔在洗衣机上画一只猫。

赵赵妈妈原本就忙得有些昏头，便毫不克制地对赵赵一通吼："你怎么能在洗衣机上画画呢？妈妈没给你买画纸吗？"

赵赵有些委屈，他觉得妈妈刚才一定没有好好听他讲故事，一定不知道他心中的小猫有多帅气，也不知道他有多着急想将心中的小猫形象画出来。

赵赵没有跟妈妈辩解，而是委屈地回了房间。他在心里暗暗对自己说："下次再也不和妈妈分享我喜欢的故事了！"

在这个例子中，孩子已经在洗衣机上涂鸦了，再怎么批评孩子也于事无补。所以，何不心平气和地表扬孩子的创造力，再与孩子沟通一下随手乱画的坏处呢？赵赵妈妈和赵赵或许都会有个好心情。

一天,明明妈妈发现明明在玩一个她没有见过的玩具。明明妈妈问:"明明,能告诉妈妈你在玩什么吗?"明明见妈妈注意到了,非常紧张。他将玩具藏在身后,磕磕巴巴地对妈妈说:"这……这个……这是小亮的,他说了……愿意让我玩。"

看到孩子这样的语气和表情,明明妈妈心里也清楚了。她没想到自己的孩子会做出这样的事情,十分生气。明明妈妈非常想对着明明大吼大叫一通,可是转念一想,自己脾气是发出去了,孩子能领会她的意思吗?能知道她为什么那么生气吗?

明明妈妈走到明明面前并蹲下来:"明明,如果你最心爱的玩具被好朋友借去玩,你会着急让他还回来吗?"明明想了想,点了点头。

明明妈妈又说:"我想,你跟小亮是那么要好的朋友,他当然愿意让你玩他的玩具。可是你们约定好时间了吗?要不你现在就告诉小亮你多久还他玩具。然后我们再邀请小亮来我们家玩好吗?"

明明磨蹭着去打了电话,等放下电话后,明明开心地对妈妈说:"妈妈,小亮说他明天晚上要来我们家做客。我可不可以把我的飞机借给小亮玩?"

"当然可以啦,朋友间要懂得分享啊!妈妈觉得你下次借朋友玩具时,一定要跟朋友说好时间哦,不然他们也会着急的。"

明明重重地点了点头。

心平气和地与孩子沟通,是妈妈能给孩子成长过程中提供的有力养分,妈妈一定要控制自己的情绪,任何时候都要理性地跟孩子进行交流和沟通,这样才能真正解决问题。

教育孩子既难,又不难。难就难在父母对自己情绪的管理;而不难在于,只要不吼不叫、心平气和,就能让孩子了解父母的初衷,并认真地听取你的意见。

每个孩子都需要通过父母的教育来获取养分,而心平气和地沟通则是孩子获取养分最好的通道。当然，妈妈难免会有情绪失控的时候，这时一定要注意，情绪稳定后要跟孩子进行一次复盘，用温和的语气与孩子聊聊，这样才能消除孩子的恐惧感。如果每位妈妈都能控制好自己的情绪，那么孩子遇事也一定能做到心平气和，这种言传身教对孩子今后面对困难、挫折、失败时心态的调整意义重大。

5
永远不要将伤害孩子的话说出口

● ● ● ● ● ● ● ● ● ● ● ●

在这个世界上,妈妈是最爱孩子的人,但也有可能是最伤孩子的人。正如歌词里所唱"最爱我的人却伤我最深",因为爱之切,"恨"更浓,所以妈妈常常图一时爽快,一出口就是伤孩子自尊的话。

说者无意,听者有心,更何况妈妈在说的那一刻确实有几分是自己真实的表达,所以就很容易被孩子记在心上,比如"你怎么这么笨,真是蠢死了""你就不能学学人家吗"……这些话就像诅咒,孩子听得多了,自然而然就认可了它,从而变得越来越自卑,有的甚至会对父母产生强烈的怨恨,再也不想打开心扉。所以,即使自己真的已经"恨得牙痒痒",也要坚持底线,不能将伤害孩子的话说出口。

晓晨天生从下巴到脖子就长了很大一块胎记,很影响容貌。她的父母为了改善她的情况,找遍了大江南北的医院给她治疗,却仍不见效果。

因此,自懂事起,她都喜欢戴着口罩。因为强烈的自卑,她从不敢摘下口罩,在学校也喜欢独处,从不跟同学们聊天,为人很孤僻。转眼到了六年级,她的成绩退步很大,语文和数学都只考 70 多分,妈妈去开家长会后回到家,气愤地说:"像你这样的人,长得难看,学习成绩还这么差,全世界的人都能活得很好,就你——不如死了算了!"

结果，晓晨当下崩溃地大哭，晚上留下一纸遗书——"对不起，妈妈，让你跟着我受累了，我走了，你可以眼不见为净了"，就跳楼自杀了。

例子中，妈妈的话就像一把锋利的刀，将孩子本就自卑敏感的心刺得鲜血淋淋，也许孩子在得知自己成绩退步的时候，心里其实已经产生了强烈的懊悔。而妈妈的话就像压死骆驼的最后一根稻草，让晓晨彻底崩溃了。

小武上初二时，有一次因为没按时完成作业而被老师请家长。回家后，妈妈训斥了他一番，还说了一句让他永远忘不掉的话："你这么笨，当初怎么不掐死你！"

这句伤人的话，就像钉子扎在小武的心里，他感觉自己像被"诅咒"了。

妈妈很后悔说出一时的气话，但碍于面子，她并没有及时向小武道歉。而在小武的心里，自从妈妈说出那句话，他就感觉自己被全世界抛弃，连自己的妈妈都不爱他了，他好像真的应该去死。

此后，他挣扎了很长时间，才慢慢打消了这个念头，但和妈妈怎么也亲近不起来了。而且每当自己遇到困难时，他就会想起这句话，便不想再做任何努力，导致成绩一直下滑，开始出现厌学、逃课的行为。

有时候，妈妈说一些难听的话其实是想激励孩子，或者只是一时嘴快而发泄，殊不知孩子的内心并没有我们想的那么坚强。一句话可能就会彻底伤害他，使他走向极端，从而成为父母一生都无法挽回的痛。

生活中，即使有些孩子本身已经很优秀，可还是因为没有达到父母理想中的目标,而被口无遮拦的语言击中,让孩子难受的心变得更加难受。

因此,有些话无论自己再气愤,在教育孩子时也千万不能随便说。

●"你怎么这么笨,真是蠢死了"

这句话是很多妈妈的口头禅,一旦孩子犯了错,不管是大错还是小错,总是忍不住脱口而出一句"真是蠢死了"。说的时候,妈妈还摆出一脸嫌弃的样子,大大地挫伤了孩子的自信心和自尊心,这对孩子的成长极为不利,说不定原本不错的孩子就真的变蠢了。

●"你就不能学学人家吗"

妈妈总容易将自己的期待压在孩子身上,喜欢跟别人的孩子去比较。有时候,看到自己孩子做得不好时,就会皱着眉头说:"你就不能学学人家吗?"这种话说得多了,会很伤孩子自尊,孩子甚至会直接怼妈妈:"你怎么不去当他的妈妈呀?"以致妈妈和孩子互相看着不满意,渐渐产生隔阂。

妈妈悄悄话

孩子自言自语，不要急于打断

很多妈妈会发现，孩子到了 3 岁左右，常常一边玩儿，一边嘴里嘀咕，絮絮叨叨地不知在说什么。这种自言自语的现象，其实是语言敏感期的一个典型特征。

研究发现，有 15%~30% 的孩子会出现这种自言自语的现象，多在 3 岁左右达到最高峰，到了 6 岁以后，随着社会交往的增多，这种行为便会渐渐消失，个别孩子可能延续到 10 岁左右。

孩子为什么会自言自语呢？

人的语言有内部语言和外部语言之分，一般来说，孩子在 3 岁前以学习外部语言为主，3 岁以后，随年龄的增长，其内部语言才逐渐形成。而孩子的自言自语，正是从外部语言向内部语言的过渡。

通常情况下，孩子自言自语的行为都出现在游戏中，比如孩子在画画时，会一边画，一边自己嘀咕："这是一条河，一条很大很大的河，河里有水草，还有一条黄鱼、一条红鱼、一条蓝鱼……"这种自言自语可能会一直持续到把画画完。

孩子有时候也会和幻想中的朋友说话。这个朋友可能是一个玩具熊、一个布娃娃。所以，如果有一天你发现孩子在和"看不见"的朋友说话，千万不要大惊小怪，因为这都是孩子在语言敏感期正常的表现。然而很多妈妈并不懂这个道理。

硕硕正一个人坐在床上玩积木。只见他一边玩儿，一边说道："我摆一个火车头，这个座位是红色的，你坐，这个座位是绿色的，我坐，好不好？方向盘放哪儿呢？要不放这儿吧……"

见硕硕在那说得起劲儿，妈妈忍不住问道："硕硕，你在跟谁说话呢？"

"我在跟我的好朋友欢欢说话呢！"

"欢欢？"

"对啊！"

"哪里有欢欢，你瞎说什么呢！"

见妈妈这样说，硕硕不高兴地噘起了小嘴，积木也不玩了。

显然，硕硕妈妈的做法是不对的。

自言自语是一种正常的语言行为，如果孩子在自言自语时被打断，语言交流受到阻碍，他的语言和性格发展可能会受到负面影响。

那么，孩子自言自语时，妈妈应该怎么办呢？

- **学会倾听**

当孩子自言自语的时候，大多数妈妈会一笑了之，让孩子自娱自乐。其实，这时候妈妈可以细心观察一下孩子，倾听孩子的自言自语，这也是一种了解孩子、走进孩子内心的手段。

- **多和孩子对话**

处在自言自语阶段的孩子，特别需要妈妈的引导，此时，妈妈应该保持耐心和关怀的态度，多和孩子说说话，随时随地告诉他一些常识，比如"这是什么，是干什么用的""这个为什么这样做"等。

- **适当参与其中**

当孩子和假想出来的朋友说话时，妈妈可以参与进来，请孩子介绍"你们"互相认识，并且假装与这位朋友交谈。这样孩子会很高兴，因为你不仅没有嘲笑他，反而认同他。这让孩子怎能不开心呢！

需要注意的是，如果孩子在自言自语时，他们的语言当中没有角色语言，不存在假想玩伴，只是单纯地、经常性地自言自语，且没有条理性，忽视外界的环境和变化，就要特别注意，因为这可能是自闭症的表现。

Part 3

细聆听，
请让孩子敢于充分表达自我

1
你真的了解
自己的孩子吗

我们常常会见到这样的事情,有的孩子在家里的表现是一个样,在学校里的表现又是一个样。为此,很多父母会有这样的困惑:我的孩子到底是什么样的呢?此时,不妨扪心自问,你真的了解自己的孩子吗?当你在做某项决定的时候,你是否想过:"我这样做,孩子会怎么想?"如果你只是单方面地认为这样做对孩子好的话,那这个决定很可能就是错误的。

了解孩子的想法并不是说完全遵循孩子的想法去做事,而是进一步了解孩子的内在驱动力。孩子对事情的很多想法和做法都是在内在驱动力的作用下完成的,即便你的一些做法跟孩子的想法不一样,但只要能与孩子的内在驱动力相吻合,孩子也会感受到你的爱。

所以,父母对自己的孩子要细心观察,真正掌握孩子的兴趣、长处和不足,这样才可以全面、客观地了解孩子,并采取合适的教育方式。

了解孩子的前提是沟通,但孩子往往很少会主动与父母吐露心声,那么,父母应该采取哪些方法才能更好地了解孩子的心声呢?

● **慎用批评,奖励诚实**

不管是不是孩子的错,如果你想要孩子把发生的事告诉你,攻击和批评可不是好方法。此外,不要过早地下结论,要等孩子把事情全部说完。听完了他的讲述，更重要的是帮助他自己发现问题或者找到解决办法。

当孩子做错了事主动承认错误时，首先要对他向你承认错误的行为表示肯定。孩子最担心因为他们的错误行为而失去父母的爱，所以要鼓励他养成主动承认错误的好习惯。

- **创造机会**

"孩子，让我们来谈谈！"如果你们的谈话是这样开始的，往往说话的只有你一个人。然而，在你们一起回家的路上或者周末一起玩乐时，往往是孩子滔滔不绝的时候。

此外，吃完晚饭后，孩子也会想告诉你很多事，你也许有一大堆的碗要刷，但此时最好留在餐桌前，耐心地倾听。**大人总计划着下一步，而孩子只注重现在，学着遵守他们的时间表。**

- **控制反应**

例如，当孩子告诉你他没有被校足球队选中时，尽管你和他一样很失望，但也不能让这种情绪表现出来。否则，有可能会让孩子以后只报喜不报忧。

- **及时弥补**

人总有犯错误的时候，及时弥补就显得尤为重要。要肯放下架子，向孩子承认错误。

父母都希望孩子对自己敞开心扉，无所不谈，希望上述方法可以帮助妈妈更好地倾听孩子的心声，真正地了解孩子。

2
用心聆听，听懂孩子的话外音

● ● ● ● ● ● ● ● ● ● ● ● ●

圆圆对正在厨房做饭的妈妈说："妈妈，已经是周末了。"

妈妈正忙着切菜，看也没看圆圆就说："这还用你说吗？我当然知道。"圆圆有点泄气，但是，她还是鼓起勇气提醒妈妈："妈妈，你上周不是说……""我说什么了？我忘了。"妈妈仍是头也不抬地回答。

其实，圆圆是想提醒妈妈，上周答应过这周日带她去海洋馆的。不过一听妈妈这么说，圆圆嘟囔了一句"那算了"，转身就离开了。

妈妈觉得圆圆有点奇怪，回头看了看她，问："你到底有什么事啊？吞吞吐吐的，有话就说，别像你爸似的，一副窝囊样。"

圆圆看了妈妈一眼，说声"没事了"，就回自己房间去了。

英国教育家斯宾塞说过："细心的父母可以发现孩子微妙的变化，弄清没有明说的思想感情，这里所需要的技巧是及时抓住孩子隐藏在内心的微小、微妙的线索。"由此可以看出，圆圆妈妈还算不上是"细心的父母"。

有时候，出于自尊心或是别的原因，孩子并不愿意或认为没有必要说出自己的想法，但他们又很想让父母明白他们的意图，为此，他们会用试探、提醒等方式对父母进行暗示，尝试用这种方式与父母交流。而让孩子失望的是，很多父母不明其意，还有些父母嫌孩子小题大做，浪费自己的时间。就这样，很多父母和圆圆妈妈一样，将呵斥变成了亲子交流的主要语言。这会让孩子对父母的爱产生怀疑，隐藏自己的真实想法，向父母关闭自己的心灵之门。

一个男孩的妈妈曾经讲述过这样一件事情。儿子4岁的时候，每次自己看书孩子总会打断她，不停地想吸引她的注意力。孩子一开始说："妈妈，快看，我画的画！"男孩妈妈常常应付地点点头："好，继续画吧。"可没过一会儿，孩子又装作不小心摔倒，坐在地上哭个不停……最后男孩妈妈忍无可忍，躲到楼下的小公园里去看书了。后来她听了一个关于亲子关系的讲座，才意识到自己的做法对儿子来说是多大的伤害。

孩子在成长过程中，渴望被关注是一种情感和安全感的需求，在情感敏感期尤其如此。他们一旦不被关注，就容易出现上面例子中男孩的行为。**唱歌、破坏、说谎、装病等，可能都是孩子用来表达自己不想被忽略的信号。**

妈妈应该学会倾听孩子的这些弦外之音，这样才能真正领会孩子的意图，知道孩子在想些什么、要求什么、希望什么。为了做到这一点，妈妈要细心地观察孩子一些反常的、细微的行为信号，比如声调、微表情、小动作等。有些孩子在试探父母时，会用眼角偷偷地瞄父母，或是抿嘴、低头、紧张地搓手、揉衣角。这些都是孩子的外在行为信号，妈妈要提高对这些细节的敏感度。孩子习惯行为的消失也是一大信号，比如不吃饭、不睡觉、不玩游戏或是精神不像平时那样集中等。

除此之外，妈妈还要倾听孩子话中字里行间的意思，分辨出孩子想要告诉自己什么，还可以通过提问的方式弄清孩子的动机。比如，孩子说："我们田老师太讨厌了！"此时不要简单地回答："不可以说这种话，学生应该尊敬老师。"这对沟通来说是无效的。父母应该意识到一定是老师做了某些让孩子觉得不公平或是讨厌的事，孩子才会说这样的话。父母可以问："发生了什么事，说来听听？""是吗？田老师做了什么让你不高兴的事吗？"当孩子向父母诉说了原因以后，父母就能更准确地了解孩子的想法，从而有针对性地引导、教育孩子。

在倾听孩子诉说的过程中，可以用相似的语言不时地总结、重述孩子所讲的关键内容，还可以猜测孩子的内心感受，并鼓励孩子对自己猜测错误的部分进行纠正。

总之，想要做个"会听"的妈妈，准确理解孩子的弦外之音，既要学会察言观色，又要尽量将自己调整到与孩子同步的心理状态，体会孩子的真实感受。

3
站在孩子的角度,听听他的真实想法
● ● ● ● ● ● ● ● ● ● ●

莉莉从小就喜欢跳街舞,在学校的课外小组活动中报名参加了街舞班。当莉莉兴奋地将自己参加街舞班的事情告诉妈妈后,莉莉妈妈有些不高兴,在她看来,学习街舞的都是那些成绩差的孩子,莉莉应该学习钢琴。

于是,在没有通知莉莉的情况下,莉莉妈妈给她报了钢琴课。因为上钢琴课的时间跟学校的课外活动有冲突,莉莉如果去钢琴课的话,就不能参与学校的街舞班了,莉莉决定跟妈妈好好说说自己的想法:"妈妈,我觉得钢琴课没意思,可以不去了吗?"

莉莉妈妈本来以为自己以这样的方式处理这个问题,会让莉莉放弃学街舞,没想到莉莉竟然公开向她抗议,这让她非常生气。莉莉妈妈没了耐心,对莉莉大吼道:"我花这么多钱给你报钢琴课还不是为了你好?你看看你,整天跟那些就知道玩的孩子一起学街舞,能有什么出息!你以为我是钱多了没地方花?我和你爸爸省吃俭用不就是为了你将来能有出息!"

莉莉还想解释什么,可是想着妈妈对自己的一通吼叫,便不好再说什么了。之后,莉莉每天愁眉苦脸地去学钢琴,莉莉妈妈则要花费原本就不多的休息时间接送莉莉。这下本来活泼开朗的莉莉反而变得闷闷不乐。

像莉莉妈妈这样的父母大有人在，他们望子成龙，望女成凤，不惜对孩子大吼大叫，以便让孩子能走上自己为他们规划好的"正途"。可是他们却忽略了一个最重要的问题——孩子的想法。

妈妈对孩子的爱是无私的，可有时候这种爱的出发点是站在大人的角度。如果站在孩子的角度来看，妈妈的这些行为是爱吗？妈妈有考虑过孩子的想法吗？妈妈的吼叫能让孩子"醒悟"吗？

有的妈妈或许不会干涉孩子自己的选择，可是对于一些与孩子一起参与的活动，则很少主动征求孩子的意见。

小伟跟妈妈唠叨了好几次，想去野生动物园玩。可是妈妈因为工作原因一连几周都没有时间。这个周五，小伟妈妈的工作有了新进展，终于可以休息一下了，她提前跟公司打好招呼，打算周末带孩子去野生动物园。

小伟妈妈下班后特意去超市买了很多小伟爱吃的东西，她回家后就兴奋地跟小伟说了自己的安排。出乎意料的是，小伟并没有表现出她期待的那种兴奋，反而有些犹豫。

原来，小伟不知道妈妈这周末不加班，便跟朋友约好了一起去图书馆看书。面对突如其来的野生动物园之行，小伟有些不知所措。小伟非常想跟妈妈去玩，又不知道如何跟朋友解释，就向妈妈说了自己的纠结。谁知小伟妈妈听了后，不但没有给小伟出主意，还朝小伟一通吼："你什么意思？你知道我为了这个周末能休息加了多少班吗？下周我还要加班，明天你爱去不去！"

造成小伟纠结的"始作俑者"就是自以为非常爱小伟的妈妈。这件事情对于大人来说非常好解决，可是小伟妈妈自始至终都没有站在孩子的角度思考问题。她自认为给了孩子一个惊喜，却忘记了孩子也有自己的世界，也会有自己的安排。所以妈妈无论做什么决定，都应该提前询问一下孩子，让孩子有个心理准备。而在本应该帮助孩子解决问题时，小伟妈妈却选择了大吼大叫发泄情绪的方式，忽略了问题本身。

如果小伟妈妈在决定出行前就与小伟协商好，让小伟也参与到出行计划的安排中，一起讨论出行的细节安排，那么小伟一定会对这次野生动物园之行充满期待。

孩子的眼界和想法与大人不同，这是很多妈妈都会忽略的问题。妈妈习惯用大人的眼光去看问题，而忽略了孩子的感受，很多大人认为孩子应该喜欢的事情，在孩子心中或许会是另一种感受。

所以，妈妈在面对孩子的"不配合"时，千万不要马上就对着孩子大吼大叫，先冷静下来，换位思考，这样不但能拉近你与孩子间的距离，相信问题也会迎刃而解。

4
多给孩子一些
倾诉的时间

●●●●●●●●●●●●

一位记者曾经在街头对3~9岁孩子的父母进行了随机采访。在采访中,这些父母都被问到了以下问题:

"孩子最喜欢穿哪件衣服?"

"他最近最想做的事情是什么?"

"他告诉你自己为什么喜欢和某个小朋友一起玩了吗?"

"每次他做错事,你都听他申辩过吗?"

"你每天有固定时间段听孩子讲自己的事情吗?"

遗憾的是,大多数父母都回答不上来这些问题,而且有些父母甚至表示,这些问题他们从来没有注意过。

父母不了解孩子,归根结底就是将自己放在了家长的"高位"上,不去倾听孩子的心声,没有给孩子充足的倾诉时间。

倾诉和倾听是对应的。每个人都会有倾诉的欲望,不论是高兴的事情还是受了委屈、遭遇了挫折,对孩子来说,他们最大的依靠就是父母,所以当有了倾诉欲后,他们最初想到的听众肯定是父母。当他们一再在父母这里受挫后,倾诉欲会降低或转移,而父母也就失去了与孩子沟通的最佳时机。

听孩子倾诉是了解孩子最有效的途径。而且对父母来说,学会倾听,就是学会了理解、尊重、接纳、分担和共享。它的意义远不仅仅是给了孩子一个表达的机会。

一位妈妈每天晚饭后都会带孩子出门散步半小时。这段时间，孩子就像只欢快的小鸟，总喜欢叽叽喳喳地说当天在学校发生的事情，比如某个同学讲了什么笑话，某个老师如何讲课等。如果孩子在学校犯了什么错误或受了什么委屈，他也会在妈妈的耐心倾听下一吐为快。针对孩子说的具体情况，妈妈常因势利导，进行循循善诱的教导，让孩子知道自己这一天的得与失，知道哪些需要继续发扬，哪些需要注意及改正。这样，孩子散步回家后心情舒畅，做家庭作业时也顺心顺手了许多。

妈妈对孩子的爱有时候不用说出口，当孩子的倾听者，给孩子充足的倾诉时间，这样就是给予了他关注和尊重，是对孩子最有效的帮助。

妈妈如果发现孩子不爱说话或者说话紧张，甚至听你讲话时漫不经心，就应该自我反省，平日是否认真倾听孩子说话了。父母的倾听会让孩子学会以平等和尊重的心态与他人建立联系，让孩子觉得自己很重要，同时有利于他学会独立思考。

总之，多给孩子一些倾诉的时间，每天都要主动倾听孩子讲话。

5

孩子的"行为语言"，
你看懂了吗

••••••••••••

当孩子还是婴儿的时候，妈妈对他的观察极为细致，小脸皱一皱就知道他可能是尿了，嘴巴一咂吧就知道他可能是饿了……可是，随着孩子不断长大，越来越多的妈妈对孩子的一举一动变得没那么关注了，以致常常不能理解孩子产生一些行为的原因，也不能理解他们的真实想法，所以读不懂孩子的"行为语言"。

瑶瑶家算得上富裕，经营着一家小厂子，瑶瑶出生后，全家人都希望能生个男孩子。不久后，瑶瑶的妈妈生二胎了，生的是一个男孩，全家人欣喜不已，就连一些来道喜的人都是乐呵呵地说着："哇，不错哦，生了个男娃，以后有人继承家业了。"已经8岁的瑶瑶并不是很开心，一开始还有点讨厌弟弟。但是，随着弟弟的长大，奶声奶气地跟在她后面叫"姐姐"，她也忍不住喜欢起这个小弟弟来。

有一次，爸爸妈妈带着姐弟俩去公园玩，玩得有点累又有点渴，妈妈让瑶瑶把两个苹果拿出来。不料，瑶瑶将一个苹果咬了一口，又把另一个苹果咬了一口，还没进行下一步动作，妈妈猛地一巴掌拍来，嘴里说道："说了一人一个，你倒好，两个都咬一口，你怎么能这么自私呢！"

瑶瑶疼得立马落下泪来，委屈地喊道："我是看看哪个更甜，就拿哪个给弟弟吃！你凭什么这么说我？！"

说完，她扭头就跑了，后来爸爸妈妈费了很大劲儿才在公园的一个小角落找到她。

例子中，妈妈对女儿的不信任误会和伤害了女儿，这很大一部分原因在于妈妈只看到了女儿表面的动作，却没有从她的内心去体会其真实想法，先入为主地认为女儿只是想独占两个苹果。

一位优秀的妈妈应关注孩子的一举一动，以此来了解他的动机和心思。孩子的心思其实非常简单，常常能从语言和举动中显现出来，只要妈妈做个有心人，对孩子的举动、神情、话语多加留意，就能了解孩子的内心。比如，下雨天，只有一把伞，孩子却突然将伞抽出来，妈妈本以为他是要给他自己打，结果，他直接把伞丢给了妈妈，自己闯入雨帘……

只有了解，才能理解。我们只有了解孩子做出某种行为的原因，才能读懂他们的行为语言。

作为妈妈，总是希望孩子遇到开心的事情就跟我们分享，遇到不开心的事情也跟我们诉说，把我们当成他们很好的朋友。然而现实往往事与愿违。大部分孩子觉得自己跟妈妈聊不来，有距离感，而妈妈也觉得自己并不能和孩子很好地沟通，也没有找到和孩子沟通的好方法。

一切良好的沟通都应建立在理解的基础上。没有理解，何来真正的爱呢？

小伍算得上是一个很乖的孩子，学习成绩也不错。可是，每次小伍和别的同学打羽毛球，刚打得兴起，妈妈就把他叫走了；每次和朋友下棋，刚轮到他，又被妈妈拉走；每次和同学一起唱歌，正唱得开心，妈妈又把他叫走了。

有一次，他和朋友在楼下玩打羽毛球，终于轮到他上场的时候，他妈妈又来了，二话不说就把他拉走，说该回去写作业了，玩一会儿就可以了，没必要玩那么久，以免玩物丧志。

为此，小伍闷闷不乐，噘着嘴，却没敢反对，只得悻悻地跟着妈妈回去。

后来，他基本不出去玩了，妈妈问起他也不说，成天盯着书发呆，根本没看进去，成绩下降不说，人也变得很孤僻，还一度患上了抑郁症。妈妈开始还觉得自己孩子很不错，不贪玩，把全部心思放在学习上，可是后来，看到儿子成绩不好，便把焦点放在了学习上，费尽心力地督促他做各种作业，全然没发现孩子越来越孤僻，直到医生的诊疗书递到她的眼前，她才发现孩子已经患上了严重的心理疾病。

例子中小伍的变化其实有迹可循——闷闷不乐、不爱出去玩、发呆……这些变化，妈妈只要用心一点，就可以发现，他其实在向妈妈表达"无声的抗议"。但是妈妈没有关注到，而是把焦点放在了孩子的学习上，甚至觉得他少外出，不贪玩是好事。而且在她的意识里，觉得孩子玩太久会玩物丧志。这也是大人容易犯的错误之一，用自己的心思去揣度孩子，以自己的想法去要求孩子，却忘了我们童年的时候，也对一些游戏迷恋不已，比如跳房子、跳绳、吹泡泡等。

妈妈应将心比心地站在孩子的角度去思考问题，适当给孩子自由，让他们尽情享受游戏带来的快乐。多换位思考去理解孩子的心情，也就能更好地理解他们的行为。

诚然，每位妈妈都认为自己是最爱孩子的人，但是有时或许并没有站在孩子的角度去理解他们、爱他们。只有妈妈真正地感受到孩子的喜怒哀乐，他们才愿意与妈妈分享。在孩子处于不同情绪时给予一定的开导，滋养孩子的内心，才是爱得恰当。

理解只是妈妈教育孩子的起点。如果只是理解孩子，和孩子保持一定的感情共鸣，却没有正确引导他，也等于没有达到帮助、教育孩子的目的。

6
做孩子最忠实的听众

· · · · · · · · · · · · · ·

习惯了说教的妈妈，总会情不自禁地在孩子面前滔滔不绝，而没有留给孩子机会去表达自己。因此，孩子从学校回到家后也比较沉闷，不会过多地跟妈妈聊起学校里的事情。当看到一些朋友跟自己的妈妈无话不谈的时候，他们会流露出羡慕的表情。

事实上，随着孩子长大，越来越多的孩子紧闭了心门，不愿跟妈妈交流。而其中很大一部分原因是在孩子小的时候，父母就没有养成耐心倾听的习惯。

"妈妈，我们学校今天举行了运动会。我们班长100米跨栏获得了全校第一名，打破了校纪录。"

"哦哦，知道了。"

"我……"

"好了，好了，又不是你得了第一名，有什么好开心的！"

…………

类似这样的对话在我们的生活中时常发生，当孩子兴高采烈地跟我们谈论一些让他开心或激动的事情时，妈妈总是一副毫不在乎，甚至表现出厌烦、无聊的样子，硬生生打断孩子要说的话。如果妈妈一直是这样的反馈，孩子也就觉得索然无味，不愿再跟妈妈分享。由此，妈妈和孩子即使生活在同一个屋檐下，交流的次数也寥寥无几。

所以，想要孩子在妈妈面前无话不说，妈妈首先要做一个合格的倾听者。当孩子或悲伤或喜悦或激动地跟我们分享一些事情时，无论是不是跟他们自己相关，我们都应该放下手里的事情，认真听孩子表达，并和他们产生一些互动。尤其是当孩子在述说自己内心的担忧、恐惧时，更不要嫌弃孩子啰唆，也不要轻易地下结论。

小云成绩很好，最近通过学校数学奥林匹克竞赛的选拔，获得了代表学校参加市级数学奥林匹克竞赛的机会。

竞赛的前几天，小云拉着妈妈唠唠叨叨地说自己很紧张。

"好了，好了，没什么好紧张的，你再这么紧张下去，没进考场就输了。"

说完，小云妈妈就去忙自己的事情了。

小云心里很郁闷，却不敢再提自己紧张的事情了。

孩子在面临一些重大场合或重大事情的时候，会有不一样的感受，当他向妈妈反复表达自己的担忧时，妈妈千万不要嫌弃，因为他可能只是想通过这样的方式来缓解内心的紧张，或者只是想要向你传达他的感受，此时妈妈应该静静地倾听，多鼓励和安慰他。

那么，在倾听孩子说话时，具体怎样做才是正确的呢？

● 多点耐心，不随意抢话或代劳

孩子还小的时候，语言表达能力还不是很好，说话不流畅，有时候用词会想半天，若妈妈等得没耐心常常会抢过孩子的话头，直接帮孩子说出来,这不仅不利于孩子口头表达能力的提升,也减弱了孩子自我表达的信心,说不定孩子会因此不再爱表达。因此,即使孩子说得含糊不清或者词不达意,妈妈也不要着急,等孩子把话说完,他会感觉自己受到了尊重,并且在一次次地"说完"中提升自我表达的信心。

- **给孩子争辩的机会**

孩子和成年人看问题的视角不同,关注的内容也不同,因此,对一些事情所持的看法也有所不同。如果孩子还没开口,妈妈就用自己的思想强烈压制孩子的本身所想,将会压制孩子想分享和表达自己的欲望，从此变得和妈妈无话可说。所以，当对一些事情有分歧时，妈妈要给孩子争辩的机会，了解他看问题的角度和态度。

如果孩子正在和别人争吵，妈妈也不要急着去帮忙，可以在旁倾听，看看他的思维是否符合逻辑，他说的话是否符合条理，从而培养孩子的独立思考和表达能力。

● **倾听时也要和孩子互动**

妈妈倾听孩子说话时，要随着孩子讲的内容以及情绪变化，给予一定的回应和互动。比如，孩子说到伤心处，可以伸出手摸摸他的头，认同他的感受；孩子说到一个正确的点，妈妈可以点点头或竖起大拇指，表示对他的赞美和支持；孩子说到矛盾的地方，妈妈要耐心听完，了解他为什么纠结，然后给出建议；听到孩子讲开心的事情，妈妈也可以附和："哇，真是件高兴的事，我听了都感觉很开心……"

如此，孩子能感觉到自己被重视，并且能感觉到妈妈是认真地在听他讲话，从而感受到妈妈对他的呵护和支持。

妈妈悄悄话

怎样培养孩子说话的兴趣

孩子的语言能力发展到一定程度,就可以和大人正常交流了。这时候,妈妈千万不要以为孩子说话这件事到此就可以"顺其自然"了。因为此时还涉及一个问题,就是孩子语言表达行为和能力的培养。

只要没有发声障碍,每个人都会说话,但为什么有的人说话简单明了、条理清晰,有的人却支支吾吾、让人不明所以?其实,这跟语言表达方式和习惯有很大关系。

那么,怎样培养和提高孩子的语言表达能力呢?最重要的一点,就是别让孩子对说话失去兴趣。因为兴趣是最好的老师,只有感兴趣,才会有不断表达的可能,语言表达能力才会有提升。否则连说话的兴趣都没有,又何谈提升语言表达能力呢?

其实,培养孩子对说话的兴趣很简单,父母懂得倾听即可。孩子主动向父母讲述一件事时,如果父母没有兴趣听,孩子就容易受打击,从而丧失继续说下去的动力和积极性,这显然不利于培养孩子的语言表达能力。

小花抱着刚买的布娃娃,对妈妈说:"妈妈,隔壁的苏苏也有一个布娃娃。""哦。"妈妈随口应了一声,像是在想自己的心事。

"妈妈,我的布娃娃比苏苏的漂亮。她的布娃娃是她奶奶给她买的。"小花继续饶有兴致地说道。

妈妈笑了一下,很快又恢复了严肃的神情。

"妈妈,我要好好照顾她。"小花举着手中的布娃娃,"我要给她梳个小辫子,用红头绳扎起来,还要每天给她洗脸、洗脚,把她打扮得漂漂亮亮的。"

妈妈觉得女儿的话题无聊极了，根本没兴趣听她说下去。

小花又跑到妈妈的梳妆台前，拿起一把小梳子说："大人用大梳子，小孩用小梳子，所以我要用小梳子给布娃娃梳头发。"

"行了，行了，知道了，你怎么越说越起劲！"妈妈皱着眉头，呵斥了一句。小花莫名其妙地挨了一顿呵斥，吓得呆住了。她想，是不是自己做错了什么，不然为什么妈妈会生气。

类似的场景经常出现在小花的生活中，每当她有什么事情要跟妈妈讲时，妈妈经常会表现得很不耐烦，这使小花的情绪很低落，说话的兴趣也大减。

任何人在讲话时，都希望听者对自己说的话感兴趣，孩子更是如此。

当孩子开口表达的时候，父母表现出的认真倾听的样子和对孩子的话产生浓厚兴趣的样子，都是对孩子讲话的鼓励。得到鼓励，孩子讲话的兴趣大增，就会用更丰富的语言表达自己。

那么，妈妈应该如何倾听孩子讲话呢？

- **倾听时要专注**

无论是在工作还是在做家务，当孩子想要和你沟通时，你都应该立即停下正在做的事情，和孩子面对面，全神贯注地听孩子说话。这不仅是对孩子的尊重，也是良好亲子沟通的前提。

- **通过眼神表现出倾听的兴趣**

在孩子讲述某件事情时，你应该用好奇的目光、有兴致地看着他们，并且很自然地传递出自己对他讲的事情的兴趣。一定不要东张西望或者眼神游离。

- **通过言语表现出倾听的兴趣**

　　孩子在诉说的时候，你可以用简单的，比如"太棒了""真是这样吗""我想的跟你一样呢""你的想法不错，接着讲""我简直不敢相信"等附和性语言来表现出倾听的兴趣。

　　另外，对孩子所谈话题的兴趣还可以用参与谈话的方式来传达，而且这种互动性的语言更有利于引导孩子表述自己的想法。比如，小花妈妈可以问："为什么你的洋娃娃更漂亮？"

- **通过表情表现出倾听的兴趣**

　　在与孩子沟通的时候，除了用言语表达自己的关注，也可以用表情来表现出自己的兴趣。

　　例如，当孩子在谈论一些令人惊奇的事情时，你可以不断流露出吃惊的表情，孩子希望看到大人对自己所说的事情有吃惊的表情，这会让他们很得意；当孩子在谈论一些伤心的事情时，你可以在内心努力体验孩子的伤感，并通过面部表情将之表现出来，让孩子感知到你正在认真听他讲话；当孩子在谈论一些非常愉快的事情时，你也可以用愉快的、喜笑颜开的表情传达自己的情绪信息。

　　总之，父母对孩子说的话感兴趣，他们才有兴趣说下去，也才能更好地发展孩子的语言表达能力。

Part 4

巧沟通,
理解让孩子更愿意接受

1
沟通讲究技巧，
孩子更易接受

"我跟他说了，可他从来不听""他总是把我的话当耳旁风"……在我们的生活中，谈论到和孩子的沟通时，常常能听到妈妈们这样抱怨。发出这样的抱怨时，妈妈们心力交瘁、无奈的样子，好像与孩子沟通已经耗费了她们太多的精力，让她们彻底对亲子沟通产生了挫败感。

想要和孩子进行良好的沟通，最重要的是要建立良好的亲子关系。

很多心理学家和教育家都认为，**良好的亲子关系是高质量沟通的基础**。那妈妈该如何和孩子建立良好的亲子关系呢？

● **满足孩子爱的需要**

根据马斯洛的需求层次理论，人的需求分为生理需求、安全需求、爱与归属需求、尊重需求、自我实现这五个等级。

其中关于爱的需求，是一种缺失性需求，即孩子一旦在这方面的需求未被满足，将会对其心理造成很大影响。而对于一个孩子来说，这种需求的满足主要通过父母来实现。因此，妈妈应多陪伴孩子、关注孩子，多找孩子感兴趣的话题进行沟通，让他们深刻地体会到妈妈对他们的爱。

- **杜绝"安静育儿"模式**

现代社会生活节奏很快，父母忙碌了一天，只想安静地休息，跟孩子的交流很少，甚至不交流，由此还衍生出"安静育儿"一词，可见这种现象的普遍性。

"安静育儿"是一种让人非常惋惜的育儿方式，妈妈下班回到家，很少和孩子讲话，拿点好吃的，让他自己边吃边看电视；或者直接把手机丢给孩子，让他自己去玩游戏，而自己则在沙发上"葛优躺"，或者继续沉浸在加班模式里。如此，孩子根本无法从语言方面和妈妈产生互动，也很难体会妈妈对他的爱，久而久之，还会给孩子一种"我只有安静地坐在一边，妈妈才会喜欢我"的错觉，彼此的沟通桥梁也从未修建过，也就无法全方位地满足孩子对爱的需要，亲子关系变得冰冷。

其实，孩子婴儿期时，父母就可以通过语言来向孩子传达一些"喜怒哀乐"的情绪，以提高其情绪认知能力。当孩子再大一点，妈妈可以多和孩子交流，分享生活的乐趣，也为良好亲子关系和亲子之间的良好沟通打好基础。

- **拥抱孩子**

在向孩子表达爱方面，妈妈应该直接一点，对孩子直白地说出"我爱你"，让孩子真切感受到妈妈对他的爱。

当孩子受到委屈或遇到不开心的事情时，妈妈可以及时给他一个温暖有力的拥抱，让他明白，无论发生什么，依然有妈妈在身旁。

和孩子建立了良好的亲子关系后，也不是妈妈想说什么就说什么。事实上，和孩子沟通是一门艺术，妈妈需要把握说话的方式，学点沟通小技巧。

● 代替孩子说出他的情绪

孩子最擅长的就是通过哭、笑、闹等来表达自己的情绪，一旦发作起来，就可以不管不顾。他们沉浸在自己的情绪里，妈妈想和他们沟通就变得极不容易。这个时候，妈妈可以试着用自己的语言描述出孩子的心情，寻求和孩子的感情共鸣。比如，孩子把自己的玩具娃娃弄坏了，在一旁哇哇大哭，妈妈可以说："宝贝，你很伤心对不对？"孩子因数学考试做错一道计算题而被扣了分，在一旁闷闷不乐，妈妈可以说："你心里感觉很遗憾是不是……"

当这些话一说出口，良好的沟通已经被启动，孩子会认为他此刻的心情和感受是被理解、被认同的，从而开始跟你谈论自己的感受，讲述发生的事情，你也就能顺理成章地开导和教育孩子了。

● 尽量避开抽象、模糊的问题

其实很多妈妈和孩子相处的时间不少，比如接送他们上下学、一起吃饭、睡前准备，但是和孩子的交流并不多。这跟妈妈不会"聊天"有直接关系。她们经常喜欢问孩子"你今天在学校做了什么""在学校有没有认真听课"，针对这样的问题，孩子的回答常常是"没做什么""有啊"，然后话题就终止了。还有一些妈妈喜欢问"作业做完了吗""这次考试有进步吗"……这样的话语更像质问，一问出口，孩子就容易无意识地产生反感或抵触情绪，而妈妈没有得到满意答案时，就会由单纯的询问变为训斥。长此以往，孩子在面对妈妈的时候，根本没有聊天的欲望，根本不想和妈妈沟通。

和孩子的沟通尽量避开抽象、模糊的问题，孩子往往一两个字就回答了，自然容易终结话题。妈妈可以试着问一些简单有趣又具体的问题,比如"今天你们上了哪些课""今天的自然课教了什么"……孩子自然就会谈论起具体内容,如果是他感兴趣的,更会滔滔不绝地说下去。而妈妈也可以借此机会了解孩子做了什么,与孩子的共同语言也就变多了。

● 从"别人谈起"的迂回方法

很多妈妈想知道自己孩子的情况,总喜欢单刀直入,直接询问。对于调皮型孩子,妈妈往往会问"你今天有没有在课上调皮捣蛋啊",这时得到的一般是否定回答或不回答,然后亲子沟通到此结束。

如果想了解孩子的在校情况,不妨"从别人谈起"。比如可以问:"你们班上谁最调皮?""你们的老师凶吗?那个男生是不是经常被老师凶?你被老师凶过吗?""那个男生因为什么被批评了?"……通过谈论别人,再慢慢回到自己孩子身上,顺理成章又营造了轻松的氛围,孩子自然愿意跟妈妈沟通了。在交流的时候,妈妈还可以了解孩子对同学的行为持有的看法以及处理事情的方法。

● 不否定孩子的感受

妈妈跟孩子本来聊得好好的,却因为太爱用自己的感受去"匹配"孩子的感受,以致讲到最后孩子闷闷不乐,气氛变得紧张兮兮。

比如,妈妈和孩子谈论心理与健康课的时候,孩子说:"这个课好无聊啊。"妈妈回答:"心理与健康课不无聊啊,里面有好多心理健康知识,你都可以听听……"至此,孩子也就没谈下去的兴致了。因为当你否定了他的感受,他就会"关闭"表达模式,不再跟你交流。其实，妈妈不用这么急着表达自己的感受，可以顺着孩子的话说下去："真的吗？你能说说哪里觉得无聊吗？"接下来，孩子肯定会说觉得无聊的原因，我们也就能从其中了解孩子更多的想法，更好地帮孩子解决问题。

● "不动声色"应对孩子的新奇词语和新奇事

孩子接受新东西的速度比大人快，很多时候，他们可能会说出一些网络上流行的词句，甚至说出一些让人惊讶、反感的想法。这时，妈妈千万别反应过度，应保持"不动声色"，将孩子要说的话听完，再给予反馈。如果是脏话，不要太过吃惊地表达"你怎么会说出这样的话"，就告诉他这样说话不文雅，正确的说法是什么，然后监督他改正。语气平静，就事论事，更容易让孩子接受。

2
别重复，说重点

• • • • • • • • • • • • •

妈妈这个身份，不需要考试，不需要培训，几乎是"无证上岗"，而且一旦上岗就是一辈子。

在这漫长的岁月里，妈妈抱着对孩子百分之百的爱，手把手教他走路，耐心地教他说话，孩子的每一步成长都凝聚了妈妈很多心血。

渐渐地，有的妈妈养成了一种凡事都要自己教孩子的习惯，并在潜意识里认为自己是孩子的依靠，孩子阅历不丰富，很容易犯错，所以对孩子的一切都不放心，要反复强调。这也是很多职场女性在职场上能叱咤风云，却在对待孩子的时候变得婆婆妈妈的原因。当然，无数妈妈已经意识到了这样会带来很多弊端，并在努力改掉这个缺点。想要改掉它，首先就得有意识地让自己言简意赅地说出重点，并控制自己想要重复的冲动。

最近，佳怡妈妈发现佳怡变得越来越自我，对家里发生的事情不在乎，对妈妈说的话也只是冷淡地回应。妈妈多说几句，她就开始皱眉头，还对妈妈说："你能不能别这么啰唆。"次数多了，妈妈决定改变自己。

以前妈妈从晚上 7 点吃完饭就开始催她去做作业，可佳怡赖在沙发上，一会儿吃吃零食，一会儿看看课外书，就是不去做作业。直到 8 点，眼看妈妈就要暴跳如雷的时候，她才懒洋洋地起身去做,然后一做就做到快12点。第二天早上,妈妈又像复读机般叫她起床,她半天不起来,眼看要迟到了才一骨碌从床上爬起来,早餐也不吃,就急急忙忙去上学了。

对此,妈妈很是苦恼,自己苦口婆心跟佳怡说了很多做作业做太晚和不吃早餐的坏处,可她不以为意,依旧一副"任你说得嘴皮子发烫,我依然稳固泰山不为所动"的样子。

这一天,妈妈决定不再像以前那么啰唆。吃完晚饭,妈妈看到佳怡又像以往一样赖在沙发上,只说了一句话:"宝贝,我最近发现你一直没怎么长高,天天做作业到12点,错过了生长激素分泌旺盛的时候,所以会比同龄人长得矮。"说完这句话,妈妈忍住继续说下去的冲动,没再管她,回自己的卧室休息了。20分钟后,妈妈从卧室出来,惊讶地发现佳怡回房间做作业去了。

第二天早上,佳怡房间里的闹钟响了,妈妈也没有不断地叫她起床,只说了一句:"现在起床还有时间吃早餐,早餐很丰富,做了你爱吃的鸡蛋和牛奶,有助长高。"说完,妈妈又强忍住还想说点什么的冲动,忙自己的去了。几分钟后,妈妈果然发现佳怡快速起床,完成洗漱后,就开始吃早餐,然后一身清爽地去上学了。

妈妈发现同样的方法屡试不爽,不仅佳怡作息正常了,而且跟自己的关系也好了,自己成功地摘掉了"啰唆妈妈"的帽子,佳怡有什么事情变得更加愿意跟自己聊了。

例子中佳怡妈妈原本很啰唆,叫孩子去做作业,反反复复那几句都是在说同一个论点——做作业会做到很晚,而这对孩子来说并没有太具体化的引导。后来,妈妈之所以能一击即中孩子的心思,其实是因为妈妈知道佳怡对自己的身高不是很满意。妈妈能够紧抓孩子在意的事情,抛出去的话里没有过多的道理,而是把这样做的后果直接和女儿在意的点联系起来,三言两语说清楚,既有理论依据，又不拖泥带水，反而能引起孩子思考，使孩子做出改变。

其实，妈妈想要孩子按自己的想法行事，与其不断地重复一些表面而泛泛的话，让孩子产生听觉疲劳，不如认真思考，把孩子错误的行为会产生的后果和他在意的东西联系起来，切中要害，然后立马收手，留给孩子自己去体会、去思考，从而内化为自我改变。

比如，孩子不爱收拾玩具，你可以直接说："玩具没收拾好，你以后就找不到它了，它会哭哦。"孩子不太爱讲卫生，却非常在意老师对他的看法，你可以说："把自己整理得清爽了，老师会觉得这个小孩很爱干净哦！"……

3

跟孩子讲故事，
别讲道理

● ● ● ● ● ● ● ● ● ● ● ● ●

喜欢听故事是孩子的天性，当你直接表达观点却无效时，不妨给孩子讲一个相关的故事，这样更能打动孩子，且不易引起孩子的逆反心理。

一次，佳乐去同学家玩，看到同学的妈妈在夸他。原来，同学嫌妈妈不给他买名牌书包，竟然将奶奶放在枕头底下的几百块钱拿走买了书包。他的妈妈知道后，不仅没有责备他，反而夸他脑子好使，会想办法。

佳乐把这件事告诉了妈妈，说道："我同学跟我说，要是下次他奶奶还往枕头底下放钱，他还会去偷的。"

妈妈问他："你觉得他这么做聪明吗？"

"我同学说偷自己家人的钱不算偷。"

"你不要管别人怎么说。我想听听你对这件事的看法。"

佳乐看到同学通过偷家里的钱，轻易就实现了自己的愿望，其实内心是很羡慕的，然而他又隐隐觉得同学的做法似乎欠妥当，于是就低着头默不作声。

这时，妈妈说道："最近我看到一个新闻，有个男孩，8岁时第一次偷邻居家的玉米，他妈妈夸他机灵；12岁时又偷同桌的饭卡，妈妈夸他能干；长大后他开始偷钱、抢劫、杀人，最后被判处死刑。"

佳乐仔细听着妈妈的讲述。妈妈接着讲道："临刑前，这个男孩气愤地对妈妈说：'你为什么要害我？如果你当初在我第一次偷东西的时候就严厉地批评我而不是夸奖我，我就不会走到这一步！'你知道他为什么这么恨自己的妈妈吗？"

佳乐立刻答道："因为正是他妈妈的纵容才使他犯的罪越来越大。这样的妈妈一点都不好。"

针对孩子随时发生的情况，把教育的道理融入通俗易懂的故事中，不仅可以抓住问题的要害，孩子也更容易理解，此时便是教育的最佳时机。故事中，正是由于佳乐妈妈正确而及时的引导，才使佳乐对同学的偷盗行为有了清醒的认识。试想一下，如果当时佳乐妈妈只是单纯向他灌输大道理，结果又会怎么样呢？

佳乐说："我同学说偷自己家里人的钱不算偷。"

妈妈："怎么不算偷？未经同意拿他人的钱就是偷！"

"他妈妈并没有责怪他，而且他奶奶知道后，也不见得会责备他。"

"你懂什么？小小年纪就去偷东西，长大了还得了？俗话说'勿以恶小而为之，勿以善小而不为''小时偷针，大时偷金'，一旦养成偷别人东西的坏习惯，长大就戒不掉了，随时可能走上违法犯罪的道路……"等妈妈好不容易将一番大道理讲完，佳乐早就不耐烦地翻起了白眼。

孩子的思维是感性的，他们往往对生动的事物感兴趣。故事的说服力和感染力远远胜过生硬的、无聊的、空洞的、乏味的说教。上述故事中的两个片段就形成了鲜明对比。

　　在具体操作时，可以选用一些比较真实的、有震撼力又有教育意义的故事，然后用提问的方式和孩子讨论对此事的看法，以此让他理解得更透彻。此外，故事要讲得生动易懂，这样孩子会很快明白父母要传达的信息。

4

用幽默的方式
与孩子沟通

● ● ● ● ● ● ● ● ● ● ●

生活中幽默无处不在，然而，在很多家庭中，幽默却是"稀缺物"。其实，父母在教育孩子时多一些幽默感，用一些形象的比喻和生动的事例来阐述人生的道理，孩子更容易理解和接受。有幽默感的家庭，父母与孩子的关系必然是亲密无间的。在一个充满欢笑的家庭中成长，孩子也会变得活泼、热情、开朗、乐观。

8岁的皮皮因为痴迷武侠电视剧，天天喊打喊杀的，皮皮妈妈为此忧心不已。一天，皮皮在商店里看中了一支长剑玩具，央求妈妈买给他。然而家里的玩具早就多得数不清了，完全没有必要再买。看着皮皮不达目的誓不罢休的劲头，妈妈知道不能直接拒绝，就蹲下身，在皮皮耳边悄悄说："宝贝，你的军费开支也太大了，妈妈的国库有点告急啦。如今可是和平年代，咱们商量商量，裁减点军费，怎么样？"皮皮听完，"扑哧"一声笑了，主动拉起妈妈的手走出了商店。

例子中皮皮妈妈用幽默诙谐的话，把原本难办的事情轻易解决了。

幽默是亲子沟通的桥梁。世界上有人拒绝痛苦、忧伤，但没有人拒绝笑声。教育孩子时，如果父母能经常从琐碎的事中想到"寓教于乐"的理念，那么再顽皮、再固执的孩子也会有所转变。

在大人眼中,故作幽默并不容易,其实尝试做到以下两点,幽默也不是一件难事。

● 真诚欣赏孩子的幽默

父母可能觉得孩子年纪太小,缺乏阅历,在知识和智慧上远不如自己,自然不晓得什么是幽默。其实,孩子有自己的专属幽默,父母要学会欣赏。

一天,妞妞爸爸和妈妈在客厅聊关于工作的事情,有些沮丧地说:"躺平也挺好的……"这时,妞妞正好从卧室出来,听见这句话后表情严肃地说:"爸爸,你不能躺平,你怎么也不能躺平啊!"当时,妞妞爸爸十分感动,没想到妞妞小小年纪,已经可以鼓励自己了,她不能接受积极乐观的爸爸变成现在这个样子。妞妞爸爸正想感谢妞妞的鼓励时,妞妞突然说:"你肚子大,躺下也不平。"

● 让自己重拾童心

人们常说"童言无忌",这是孩子所特有的心理状态决定的。想要获得亲子间的幽默,父母有时需要抛弃大人的思考模式,学会用孩子的眼睛去观察,用孩子的兴趣去探索,融入充满童趣的世界。只有这样,父母才能与孩子有效沟通,并懂得欣赏孩子的幽默。

事实上,找回童心的方法很多,和孩子一起看漫画书、一起做游戏,倾听孩子内心的小秘密,和孩子一起进行各种或真或假的探险等,这些都会令人回想起过去的童年时光,找回那份深埋在心底的童真。

5
和孩子对话，
而不是训话

日本教育家池田大作说过："尊重孩子的人格，孩子便学会尊重他人。"孩子最初感受到被尊重是从妈妈那里得到的。妈妈要懂得尊重孩子，当孩子得到尊重时，他们就会把自己当回事，也把荣辱当回事，从而知道做事要考虑后果，懂得约束自己。总是训斥孩子，只能导致孩子越来越不听话，与妈妈越来越对立。

在妈妈眼里，剑剑是个特别淘气的孩子，有时候，妈妈甚至觉得剑剑是故意和大人过不去：妈妈让他好好吃饭，他偏要先看完动画片；妈妈让他认真学习，他却在那里磨磨蹭蹭混时间；妈妈让他不要在学校惹事，可隔几天妈妈就会被老师"请"到学校去；妈妈让他放学后早点回家，他就想方设法找借口在外面玩，而且很晚才回家……

"你就不能听话一次吗？"

"快点，给我滚回家写作业！"

"再记不住，就把这个单词给我写100遍！"

"再和同学打架，我非让你爸揍你一顿不可！"

....

妈妈不知对剑剑说了多少这类话，可就是不起作用。有时候剑剑会收敛一点，但过不了多久，就又恢复"常态"了。看着屡教不改的剑剑，妈妈很是头疼。

专制型教育方式是不提倡的，而且从例子中可以看出这种管教方式效果并不好。

与孩子对话而不是训话，这样既可以增加妈妈与孩子之间的相互理解，避免家庭中一些无谓的争吵，又能让孩子从中学会怎样正确与人相处。那么，妈妈应该如何正确地与孩子对话呢？

● 给孩子尽情表达的机会

妈妈要改变自己是决策人、孩子是接受者这样僵化的家庭角色分配，要在家里建立一种积极健康的交流关系，把孩子看作一个独立的个体，给孩子足够的机会尽情表达自己的想法。

● 不否定孩子的想法

在与孩子对话的过程中，妈妈应当做好准备，接受孩子与自己的观点不一致。对不能认同的观点，不要完全否定孩子的想法。

妈妈可以先阐述自己的立场，接着可以说："这是我的看法，但你有权按照自己的思路去想问题。不用急于做决定，你可以再想想看，或是再征求一下别人的意见。"这类开放的话术有助于与孩子建立良好的关系。

● 注意与孩子说话时的语气

遇事要与孩子商量，不要自己武断决定。因为一旦向孩子发出的是命令，就意味着孩子必须服从，而这种命令的方式没有为妈妈留下回旋的余地。如果孩子不听话、妈妈让步的次数多了，孩子就会觉得不听妈妈的命令也没什么，不利于对孩子进行教育；如果孩子在妈妈的威慑下违心屈服，压抑自己，对孩子的身心会有不利影响。所以，与其命令正在看电视的孩子"快去给我写作业"，不如说："这动画片真好看啊，可惜时间不早了，你该写作业了，这样才不耽误睡觉。要不你再看 10 分钟，然后就去写作业，好吗？"这种说法既让孩子感觉到了尊重，又为妈妈留下了余地，不致因为孩子暂时的不听话让妈妈为了维护自己的威严而与孩子大动肝火。

总之，管教孩子不是强求，也不应强求。妈妈要改变自己的教育方式，先从用对话而不是训话的方法做起，赢得孩子的理解。

6
让孩子感受
到你的爱

* * * * * * * * * * * * *

研究表明，如果孩子在幼年时期与父母、抚养人之间缺乏很好的情感交流，其情感就很难健康地发展起来。这些孩子在幼年时期常常会感到焦虑，容易发怒，产生攻击行为、多动等。而这很可能会持续影响孩子的一生，导致他长大后很难用正确的方式与他人进行情感交流和沟通。

聪聪和明明是兄弟俩，哥哥聪聪5岁，弟弟明明1岁。最近，有一个问题让他们的父母苦恼不已，那就是他们发现聪聪特别忌妒明明。聪聪喜欢和明明抢东西，凡是明明有的，他也一定要有，哪怕是他根本不需要的；聪聪也总是和明明"抢"妈妈，妈妈在照顾明明的时候，他也闹着要妈妈照顾；趁父母不注意的时候，聪聪会时不时地攻击明明，有时下手还比较狠。

父母不理解聪聪为什么会有这样的行为，只能更加严厉地管教他，结果却导致聪聪的攻击行为更加频繁。无奈之下，聪聪父母只能向儿童心理专家寻求帮助。

原来，聪聪之所以会有这些行为，是因为在明明出生前，聪聪一直是家人关爱的焦点，但在明明出生后，家人的关注点更多地放在了明明身上，这导致聪聪怀疑爸爸妈妈不爱他了。这种巨大的不安让他对明明产生了强烈的忌妒心，认为是明明抢走了爸爸爸妈妈对自己的爱，所以就用攻击和破坏等方式来验证爸爸妈妈是不是还爱自己。

遗憾的是，父母并没能理解聪聪行为背后的原因，在他哭闹，尤其是攻击明明的时候，总对他严厉斥责，这让聪聪对父母更加不信任和失望，攻击行为也更频繁。

如果聪聪父母能够理解聪聪的忌妒行为，经常拥抱、亲吻聪聪，并反复告诉他："爸爸妈妈和过去一样爱你，只是因为弟弟年龄小，不能照顾自己，所以需要爸爸妈妈多照顾一点。"让聪聪知道，他们还是像以前一样爱他，那他内心的恐慌就会消除，攻击行为自然就消失了。

可见，**在表达对孩子的爱上，重要的不是父母觉得自己有多么爱孩子，而是要让孩子能够感受到父母的爱。**

孩子是非常敏感的，父母的一言一行都可能对他产生影响。如果父母经常对孩子说："你不乖的话，我就不喜欢你了。"孩子就会误以为你真的不再爱他了。有时候，孩子莫名其妙地哭闹或发脾气，并不是他不懂事、无理取闹，而是在验证你是不是还在乎他。所以，父母要理解孩子这种没有安全感的心理，让孩子知道：无论怎样，你永远爱他。

很多妈妈可能从来没有对孩子说过"我爱你"，但是想让孩子感受到他对你有多重要，有什么比直接告诉孩子你有多爱他更好呢？

孩子需要父母的关爱，一声"宝贝"，一句"我爱你"，一个充满温情的眼神，一个鼓励的微笑，一个热情的拥抱……都是爱的信号。从中，孩子能感受到自己是被爱的，这会让他们的生活充满幸福感，让他们充满能量和信心。

所以，不要吝啬对孩子表达你的爱。爱他，就让他感受到！

妈妈悄悄话
学会用非语言方式表达爱

研究表明，人与人之间的沟通只有7%是通过语言进行的，而高达93%是通过非语言进行的，其中38%是靠声音，55%是靠面部表情、手势、姿态等肢体语言。可见，在与人沟通中非语言因素是非常重要的。所以在日常生活中，父母向孩子表达爱时，也可以用一些积极的肢体语言。对情感敏感期的孩子来说，一个关怀的眼神，一个温暖的拥抱，都能让他感受到你浓浓的爱意。

那么，有哪些非语言因素是父母可以运用的呢？

- 眼神

眼睛是身体器官中最富有表现力的部位，当孩子向父母倾诉的时候或者当孩子想要做某件事的时候，他们往往会看着父母的眼睛，从中找出父母的看法。柔和的眼神代表默许、支持和鼓励；严肃的眼神代表否定和反对。父母要学会用充满爱意的眼神与孩子进行心灵上的沟通，表达对孩子的关切。

- 微笑

没有孩子喜欢一张冷冰冰的脸，也没有孩子希望自己的笑脸换来的是父母的无视。如果父母总是板着脸，就断绝了孩子主动倾诉的可能。如果父母从不轻易给孩子一个微笑，那么亲子关系就会经常处于紧张、矛盾中，孩子很容易变得孤僻、内向，甚至产生心理问题。

微笑是父母与孩子之间交流的天然润滑剂，父母的微笑蕴含着真诚与关爱，能够向孩子传达出理解与信任，可以给予孩子信心与力量。

- 爱抚

人类皮肤上的触摸感受器对接受刺激有一定的需求，如果这种需求得不到满足，就会患上"皮肤饥渴症"。尤其是妈妈的爱抚能够让孩子心情安定、精神放松。研究证实，那些能够经常得到妈妈爱抚的孩子更容易建立起对他人的信任感。这些孩子长大后往往性格开朗、自信心强、富有爱心，而且社会适应性也较强。

爱抚是一种直接的关怀方式，它能把你的体贴和爱护无声地传递到孩子心里。在孩子生病难受时，贴贴孩子的脸能够将你的心疼和担心传递给孩子；在孩子取得优异成绩时，摸摸孩子的头说"你真棒"，要比干巴巴地说一句"做得不错，继续努力"更能让孩子开心；当孩子处于困境时，拍拍孩子的肩膀，能让他体会到你的支持。总之，爱抚带给孩子的力量远比想象中的大。

- 拥抱

美国心理学家赫洛德·弗斯说过："拥抱可以消除沮丧，它能使人体内的免疫系统效能上升，能为倦怠的身体注入新的能量，能让人变得更年轻、更有活力。在家庭中，每天拥抱彼此能加强成员间的关系，并且大大减少摩擦。"

对于孩子来说，父母尤其是妈妈的拥抱不是一个小小的动作，它是来自妈妈的温暖，等同于妈妈在对他说"我爱你"，这对孩子来说是很重要的精神鼓励。经常被妈妈拥抱的孩子，心里会洋溢着甜蜜和温馨，心理更加健康积极，人也更有活力。所以，不要吝啬，多给孩子一些拥抱。

此外，亲吻、握手、点头等饱含积极情感的非语言因素同样也能够让孩子感受到爱，这对孩子的健康成长有很大的影响。父母要学会适当地运用这些非语言因素，拉近与孩子之间的距离。

Part 5

. . . .

表扬和鼓励是最美的语言

1 孩子获得小成就，该夸孩子努力还是聪明

• • • • • • • • • • • •

生活中，除了"真可爱""真漂亮"之外，"真聪明"也是很多父母夸奖孩子的口头禅。因为"聪明"这个词用起来最简单，也最直接。殊不知，反复夸孩子聪明，尤其对于那些性格外向且很爱表现自己的孩子来说，很容易让他们因自恃聪明而变得任性、唯我独尊。

小博是个爱动脑思考问题、动手钻研的男孩，时不时会搞一些小发明、小创造，然后向父母演示一番。父母自然很高兴，总是会表扬几句。亲戚朋友来家里串门，也都称赞他："小博真是聪明！长大准能做个科学家！"

渐渐地，小博的"聪明后遗症"就显现出来了。父母越来越多地听到他说的话是："某某同学连一道简单的数学题都做不出来……老师讲得太简单了，我不听都会……"同时，小博开始把更多的聪明才智放在了投机取巧上，有时一天就能弄出十几个华而不实的"发明"，只为在父母和同学面前卖弄。

表扬的话听得太多，孩子会总结出"聪明可以博得大家喜爱"的观点，于是，瞧不起同学、不能踏实学习、喜欢炫耀自己等坏行为也就接踵而至。其实，出现这样的问题，责任不在孩子，而在父母。孩子最初的目的其实并不是借此博得称赞，但当父母曲解了孩子的本意，他们的想法就"误入歧途"了。

美国教育学家曾做过一项实验。研究人员先是让幼儿园的孩子解决了一些难题，接着，反复对其中的一半孩子说："你们很聪明，答对了 8 道题。"又反复对另一半孩子说："你们很努力，答对了 8 道题。"然后，给所有孩子提供了两种任务供他们选择：一种是有把握能够做得非常好的；另一种是可能会出一些差错，但最终能学到新东西的。结果被夸聪明的孩子有 2/3 选择了容易完成的任务，而被夸努力的孩子有 90% 选择了具有挑战性的任务。

为什么会出现这种差异呢？难道只是夸奖的语言不同，就会对孩子造成截然不同的影响吗？

研究表明，孩子都喜欢被夸奖，受过一次夸奖就会期待下一次。经常被夸奖"聪明"的孩子，为了保住自己聪明的"光环"，就会有两种举动：一种是用耍小聪明来进一步显示自己的聪明，而这会导致他们做事不够用心，不能脚踏实地；另一种是不敢尝试和挑战，因为他们担心如果自己做不到，会有损自己聪明的形象。久而久之，在这两种心理的作用下，他们会变得不爱动脑筋。这又会导致孩子感觉自己变得越来越笨，不敢面对困难，从而变得越来越脆弱，一旦失败就很难再振作。

正所谓"小时了了，大未必佳"，孩子在小时候表现得很聪明，长大后却碌碌无为，多是受了"聪明之害"，所以父母在夸奖孩子时，尽量不频繁使用"聪明"这个词，而多去夸孩子的努力。

2

抓住细节，才能夸到孩子的心坎上

很多妈妈在夸奖孩子的时候常常词穷，就像字典里只有"很棒""很厉害"之类的词语一样。而这样的夸奖往往太过泛泛，并不能很好地调动孩子的积极性，无法夸到孩子的心坎上。

小源是一个非常渴望妈妈表扬的孩子，小时候，每次画画，无论画得好不好看，她都会拿给妈妈看，妈妈总是说："嗯，很棒。"上学后，练习了一页字，她也拿给妈妈看，妈妈也总是说："嗯，很棒。"坚持弹了一个小时的钢琴，她跑去妈妈那里讨夸奖，妈妈也是一句："嗯，很棒。"

可是慢慢地，小源就不再把画和作业拿给妈妈看了。一天，妈妈问起，她回答道："你每次都只会说很棒，一点也不真诚。你看，上次我的作业写得不好，错了那么多，我拿给你看，你居然也说很棒。"

例子中的妈妈夸奖孩子的时候采用千篇一律的"嗯，很棒"，虽然也是在夸孩子，但是孩子会觉得妈妈只是在敷衍自己，不真诚，关键是就连写得不好的时候，妈妈也选择说"嗯，很棒"，这种夸奖会大打折扣，再次验证了孩子心中所想——"妈妈就是对我很敷衍，之前的表扬都是假的"，从而让孩子产生很大的心理落差，导致孩子对妈妈的话产生怀疑，信任感下降。

孩子从小就在探索中认识自己，这种认识需要借助外界对自己的评价来实现，这个外界就包括父母、同学、朋友以及老师等。其中，妈妈的评价在孩子心里非常重要，笼统地夸奖只会给孩子留下模糊的自我认知。总有一天，孩子会发现妈妈树立给他的自我认知根本就不是真实的，便会陷入自我怀疑中，也会排斥甚至反感妈妈的夸奖，亲子关系变得疏远。

其实，妈妈对孩子的夸奖不仅仅是一种表扬，还是孩子实现自我认知的重要媒介，所以，妈妈对孩子的夸奖要落到实处、具体一点，这样孩子就能更好地认识自己。

那妈妈该怎么夸奖孩子才是正确的呢？

● 仔细观察孩子的状态和变化

首先要找到可以夸奖的落脚点，也就是你从哪个角度去夸奖，夸奖他什么地方好。落脚点没找对，夸奖就变得没有效果。

在生活中，有些妈妈夸孩子夸得毫无"营养"，孩子一睁开眼，就说："宝宝醒来啦，真棒！"要吃饭了，妈妈又夸："宝宝最厉害了，知道饿啦。"看到孩子吃饭了，妈妈又说："宝宝就是聪明，知道一口一口吃饭。"

这样的夸奖浮夸又肤浅，孩子没有任何被夸奖的喜悦和成就感。

因此，仔细观察，找准夸奖的落脚点，是使夸奖有意义、有价值的首要条件。

比如，孩子以前做作业慢吞吞，今天你观察到他做作业变快了，没有一边做一边玩；比如，今天他弹钢琴将一首曲子反复练习，弹得很流畅；比如，今天做数学题时，孩子每做一道题就会打草稿，所以正确率提高了……

这些小细节就是孩子进步、表现好的地方。妈妈平时和孩子相处时，多花点心思来观察一下孩子做事的状态，以及和以往不同的地方，然后针对结果给予这些"状态"和"变化"高度的赞扬，孩子就会明白自己哪些行为好，并继续保持。

● **夸奖的语言说得详细一点**

找到了夸奖的落脚点后，妈妈夸奖的语言要尽可能详细一点。在夸奖孩子取得"好成绩"的同时，将孩子的"状态"和"变化"详尽地表达出来，这既凸显了对孩子的重视，又让孩子对自己的行为有了清楚认知。

比如针对前面列举的第一种情况，你可以说："孩子，今天你做作业比平时快多了，因为你没有一边玩一边做，你克服了自己想玩的心理，战胜了自己，你今天是英雄，明天，我希望你依然当一个英雄。"针对列举的第二种情况，你可以说："你今天的曲子弹得真流畅，因为你耐住性子，反复练习了很多遍，这样的流畅是你应得的嘉奖。"针对第三种情况，你可以说："今天你的作业正确率很高，妈妈发现你有一个好习惯，做每道题都有用到草稿纸，这真是个好方法，你真厉害。"

孩子听到了这些赞扬，感到开心的同时，也再次肯定了自己使用的这些好方法，从而调动了他继续用这些好方法的积极性，也就将好习惯养成了。

小月是一个很有上进心的孩子，但自从上了三年级，她的各科成绩都很难拿满分了。每次考试卷子发下来，她都会为自己因为粗心扣的分数而懊恼很久，妈妈拿着她的卷子也是唉声叹气的。尤其是数学，每次考试她都是错在没看清单位、加减法等。后来，妈妈找到一个好方法，让她做题时，把题目中要注意的关键字词圈起来，把一些需要及时算出来的数字先在试卷上标出来，做需要计算的题目时先打草稿。

可是，小月每次都忘记按照妈妈说的方法来，妈妈很生气，却也拿她没办法。后来，有一次数学考试，小月考了满分。妈妈很高兴，拿到试卷后仔细看了一遍，发现小月是按照她的方法来的，该圈的圈了，该算的先算了。妈妈根据这些细节，一个个地表扬："宝贝，这次考试你得了满分，真棒。你看，你这次把题目中的重要字词圈起来了，填空题需要你转化已知的信息也写在旁边了，做所有的计算题，你都打了草稿，做得真好，细致、认真，每一步可能错的地方都没有放过。"

小月被妈妈夸得很开心，并尝到了这样做的"甜头"，在接下来的数学考试中，她都养成了这种细致的习惯，几乎每次都考满分，成了班上的"数学单科王"。

例子中，妈妈对小月的夸奖细致到每一个环节，切切实实地夸到了孩子的心坎上，充分调动了孩子保持良好行为的积极性，以前常常被孩子忘记的方法，之后她再也没忘记过。在这个过程中，孩子也充分地认识到，自己是通过这个好习惯改掉了粗心的毛病，在学习数学时也变得更自信。

● **配上适当的表情、动作、语气**

妈妈在夸奖孩子时，还要注意自己的表情、动作和语气，如果过于浮夸、敷衍，都会让孩子感觉不真诚，从而让夸奖的效果大打折扣，甚至起到反作用。

晓悠的计算不太好，尤其到了四年级，每次考试计算题就错很多。

暑假，妈妈给她买了一套口算题本，每天让她做一页，接连10天，她一次全对都没有，还越来越差。一天，她竟然全部做对了，妈妈很开心，本来想借此机会鼓励她，让她保持，于是说道："不错，你这样将来可以上北京大学了。"妈妈说的时候，还故意压了一下嘴角的笑意，给人的感觉就有点皮笑肉不笑。

结果，晓悠听后，脸上立马晴转阴，把口算题本一扔，说道："无论我怎么样，你都不满意，从明天开始，我不做了。"

例子中，妈妈的本意是鼓励孩子，但因为自己没控制好表情，说的话又过于夸张，以致给人一种讽刺的意味，刺激了孩子。而孩子直接不做了，这与妈妈的初衷完全相反。

由此可见，妈妈微小的表情、语气等都会对孩子的心理感受产生影响。

所以，妈妈的夸奖要发自内心，不刻意压抑，让孩子体会到真诚。说话的时候，妈妈应该看着孩子的眼睛，眼里充满赞赏，同时要注意说话的语气，从内心去激发孩子的自信心。

● **夸奖要表里如一**

孩子天生敏感，妈妈的情绪以及欲言又止的话，他们都能感受到。所以，妈妈在夸奖的时候要表里如一，不要嘴里表扬着，内心却是嫌弃着，否则也起不到任何效果。

比如，孩子考试总是拿不到理想的分数，好不容易成绩提高了几分，你想借此表扬他，但是内心又有点不满，说出来的表扬听着像夸奖，却给人一种无力感。

尤其是有的妈妈在孩子面前进行表扬，背地却叹息。如果孩子不小心偷听到了，会对孩子造成很大的打击。

如果决定夸奖了，就应该彻底，并把自己的期望表达出来，比如，"嗯，孩子，这次你有所进步，我们继续努力，争取下次有更大的进步"，这样的夸奖会更让孩子有动力。

● 不把夸奖当成一种手段

很多妈妈都觉得既然夸奖可以鼓励孩子，那么就把夸奖当成一种"搞定"孩子的手段。这些妈妈在夸奖孩子的时候带着强烈的目的性，给人的感觉就是：你看看，我都表扬你了，你就好好做吧！

因此，当看到孩子拿出纸和笔了，妈妈生怕孩子又突然去玩，就一阵猛夸："我儿子好棒，开始要写作业啦。"孩子作业做到一半，要起身去干点什么了，妈妈赶紧说："我儿子真棒，能坚持写作业写这么久。"孩子迫于被夸奖的压力，又不得不坐下来，继续做作业。

妈妈的这种行为，看似在夸奖孩子，其实背后藏着对孩子的不信任。这样的夸奖无法滋养孩子的心灵，孩子不仅没有感到丝毫的喜悦和成就感，反而"压力山大"。

当孩子意识到妈妈是想用这样的手段来让自己配合时，所有的效果都会反弹，孩子会变得越来越不配合，甚至说出"你安静一会儿吧"的话。

● 把握夸奖的时机

夸奖也要讲究时机，当孩子刚完成某件事，或者他自己都觉得自己表现得很不错的时候，是妈妈进行夸奖的最好时机。此时，他会对你的夸奖有更多的认同感，这时的夸奖才能更好地滋养他，对他接下来的行为产生引导和激励作用。

当孩子拿着一张满分试卷欢喜地跑到你面前时，你却因为工作忙着看手机，等你回过头想夸奖他时，他已经没有那股高兴劲儿了，对你的夸奖也没了兴趣。他会产生一种"我考得好、表现好，也并不能得到妈妈的表扬和关注"的想法，会觉得没有意思。

当孩子做某件事情遇到困难时,他运用了自己的智慧解决了困难,心中充满成就感时,你却在很多天后才想起对他进行表扬,那么,你很可能会收获一个"白眼"。

当这样不合时机的夸奖多了,不但不能对孩子产生丝毫触动,还会让孩子和父母的关系变得疏远,甚至以后孩子遇到什么好事也不会再和父母分享。

3
多鼓励孩子,而不仅仅是奖励

• • • • • • • • • • • •

父母总是希望孩子听话,以达到自己的要求。为此,很多父母不约而同地采用了奖励的方法。在对待孩子的学习上,有些父母为了激励孩子,会大方地满足孩子的任何愿望。在其他方面,很多父母也会使用类似的方法来激励孩子。面对父母的利益诱惑,久而久之,孩子很可能变得动辄要求奖赏,功利心越来越重,做事前都要先讲好"条件",而且"胃口"会越来越大。

7岁的苗苗很有绘画天赋,经常一个人趴在桌上画画。妈妈为了提高她的积极性,每次她画完一幅就会用买零食、延长看电视时间等方式奖励她。最初一段时间,这种做法的确有效,苗苗绘画的积极性提高了很多。但时间长了,妈妈发现苗苗有时画的画不再像以前那么鲜活、富有想象力了,而且苗苗对奖励的要求越来越高。一包蜜饯不够,看电视的时间也越来越长,不让看电视就不画。妈妈用奖励的方式鼓励苗苗好好画画,本意是想要提高苗苗绘画的积极性,可结果事与愿违。

小波是一名小学三年级的学生,学习成绩一般。妈妈为了鼓励他好好学习、提高成绩,决定采用物质奖励的方法。这次考试之前,妈妈对小波说:"只要你有一科能考满分,我就给你买最新款的游戏机。"小波下定决心,这回一定要把游戏机弄到手。可问题是,他知道自己的学习水平如何,考试绝对不可能得满分。

经过一番思想斗争,小波决定为了心爱的游戏机铤而走险。考场上,作弊的小波被监考老师抓了个现行,不仅被宣布考试成绩作废,还要求他在全班同学面前做检讨……

看到这里,很多父母会认为以后不要再给孩子奖励了,其实这种想法也不对。物质奖励并不是不可以,关键在于奖励得当。

当孩子不需要物质奖励也能出色完成某项活动时,就没有必要画蛇添足给予奖励。例如,当孩子做对一件事情或者帮忙做家务时,可以为他们点个赞、回一个微笑,鼓励孩子的行为。但当你说出"做得真好,奖励你一个玩具"的时候,就注定在下一次孩子做得好的时候必须要有物质奖励了。

当你要鼓励孩子完成某项他并不太喜欢的活动时,不妨给孩子一句爱的鼓励或适当的物质奖励。为了防止孩子产生攀比心理,

父母可选择生活必需品或对孩子有益的奖品，如运动器材、书籍等，切忌选择奢侈品。

总之，父母要记住，物质奖励只能是一种辅助措施，我们更应该注重精神鼓励，才不会把孩子培养成"唯利是图"的人。

4
鼓励不等于过来表扬

● ● ● ● ● ● ● ● ● ● ● ● ●

在西方"赏识教育"的冲击下，我国很多父母都进入了一个误区，不遗余力、盲目地表扬孩子，尽管这些表扬有点言过其实，但看到孩子自信满满的样子，父母依然夸得津津有味。虽然表扬是提高孩子自信的一种有效方式，但是对孩子的鼓励并不等于过度表扬，没有把握好表扬的"度"，只会助长孩子自大、目空一切的心理，甚至根本听不进批评。

那鼓励和过度表扬到底有什么区别呢？举个例子来说明吧。

小宇在期末考试中考了班上第一名，开心地回到家里，将这个消息告诉给了爸爸妈妈。爸爸说："我就知道你是全世界最棒的孩子。"妈妈说："真好，你的努力总算没有白费，这次进步很大。"

例子中，爸爸和妈妈都表扬了小宇，粗略看，感觉没什么不一样，但是细细品味就会发现，爸爸的话更偏向于表扬，而妈妈的话更偏向于鼓励。虽然爸爸的话更能让人"即时振奋"，但妈妈的话则传达出"努力这个行为让你变得优秀"，很好地肯定了孩子的行为。

诚然，鼓励和表扬都是对孩子的行为做出积极、肯定的回应，但是二者有着本质区别。

- **表扬针对"人",鼓励针对"事"**

表扬的时候,通常是对这个人本身发出的,比如"你真是个聪明的孩子""你太优秀了";而鼓励通常是针对所做的事,比如"你想得真周到,所以办得这么好""这场比赛,你花费了很多精力"。

- **表扬注重结果,鼓励注重过程**

表扬对结果更看重,比如"你考了第一名,你真棒";鼓励则更看重过程,比如"你的成绩是努力的结果"。

- **表扬是一种评价语言,鼓励是一种激励语言**

表扬时,父母的语言往往是有评价性的,比如"你这样做很对""你的表现很不错";鼓励时,父母的语言更多的是自我指向,比如"我很欣赏你认真付出的样子"。

从上面可以看出表扬更多地偏向于对孩子外部特质的评价,这样容易使孩子把成功归功为天生因素;而鼓励会让孩子把成功归功为后天自己的努力,明白"想要成功,就得自己去努力,并且越努力,越成功"的道理。

而过度表扬,则是夸大了孩子的先天优势,忽略了后天的努力,这会导致孩子产生"自己天赋比别人高"的优越感。当然,如果孩子发现是妈妈对自己过度表扬了,他们不仅没有"我天生就聪明"的优越感,反而会在一次失败中就彻底否定自己,或者对妈妈的表扬产生反感和抵触。

妍妍家贯彻"赏识教育",不管她做了什么,爷爷奶奶、爸爸妈妈都是对她各种表扬，常用的口头禅就是"我家妍妍最棒""我家妍妍是最厉害的"。然而，有一次妍妍因为作业做得太敷衍，被老师批评了，回家后就哭闹着不肯去上学了。

因为家人平时对妍妍的表扬过多且虚高，导致她抗挫折能力低，非常脆弱，听不得一点否定自己的话。

小川从小被妈妈夸到大，大学毕业了也没有找到工作，同学们和家人劝他从基层做起，他每次都是这样回答："什么是从基层做起？是卖体力，打杂吗？在你们眼里，我就是这么没出息？我要做就做管理层，除此之外，我是不会去的。"因此，他一直待在家里混日子。

因为从小被表扬太多，小川迷失了自己，变得眼高手低，对自己缺乏正确认知。

湖南省一位高考状元家境贫寒，他的妈妈文化水平不高，无法给予孩子学习方面的辅导。他之所以能够这么优秀，就是因为妈妈对他的鼓励——"孩子，你的努力让你有机会去县城里读书，你真棒""孩子，你不一定比别人聪明，但是，因为你足够努力，所以你超越了很多人，你真厉害"……从小到大，妈妈从来没有表扬过他聪明，都是在肯定他的努力和付出，而他也没有让妈妈失望，成功考上了理想的学校。

著名心理学家卡罗尔·德韦克曾说过："鼓励，即夸奖孩子努力，会给孩子一个可以自己掌控的感觉，孩子会认为，成功与否掌握在他们自己手中。反之，表扬，尤其是过度表扬，都是夸奖孩子聪明，就等于告诉他们，成功不在自己的掌握之中。这样，当他们面对失败时，往往束手无策。"

因此，妈妈应该学会正确地赏识和鼓励孩子，不盲目夸大孩子的优势和能力，让孩子在客观的认可下看清自己的实力，做出正确的选择。

5
鼓励不是
贿赂、利诱

• • • • • • • • • • •

美国儿童心理学家、精神病医生和教育家鲁道夫·德雷克斯说:"孩子们需要鼓励,就像植物需要水。没有鼓励,他们就无法生存。"

而很多妈妈却在用错误的方式鼓励孩子,掉入鼓励的"陷阱"——贿赂、利诱。

在生活中,我们不难听到妈妈经常对孩子这样说"你做好了,给你奖励""你考试满分,带你去游乐园玩""你期末考得好,我们去吃大餐"。这些语言听起来是鼓励,但很容易让孩子的行为动机发生改变,他们有可能凡事都讲究有所回报,而且本身要做好的价值感和责任感都被剥夺了。

小轩是个成绩还不错的孩子,但是最近各科成绩都有所下滑。

小轩妈妈看他平时做作业错误并不多,因此很纳闷。后来,她不小心瞄到了孩子的周记,发现他是故意考差的,原因很简单:妈妈不再对他考得好给予奖励了。

以前,每次考试的前一天,妈妈都会对他说,"这次考好了,妈妈带你去吃牛排""你要是考个 100 分,妈妈带你去游乐园"……可是,最近妈妈工作很忙,不能经常带他出去吃大餐,也没时间陪他出去玩,于是就没再提考得好就会有奖励的事情。小轩跟她提起,考得好就怎么样,她也是敷衍过去,没给肯定的回复。结果，没想到这导致小轩的考试成绩下滑得厉害。

妈妈很生气，和小轩详谈，告诉他："认真对待考试，是对自己的负责。"小轩却直接说道："没有奖励，考得好也没什么意思。"

例子中，小轩因为长期受到妈妈贿赂利诱式的奖励，而陷入了一种误区——考得好就是为了得到奖励，没有奖励就不好好考。这种扭曲的"价值观"非常危险，小轩已经完全把自己作为学生本应该做的事变成了一种索取奖励的方式。

这么发展下去，无论他做什么事，首先看的都不会是这件事能给自己带来什么精神上的感受，而是看重它能否满足自己的私欲，甚至有可能为了一己私欲而铤而走险。

虽然贿赂利诱式的奖励在短期内很有效，可以刺激孩子为了获得某种东西而努力，但它是把"双刃剑"，用得不好，就会让孩子变得像例子中的小轩一样，变得"唯利是图"。

所以，鼓励孩子切不可一味地贿赂和利诱，可以采取以下这四个方式绕开贿赂利诱的"陷阱"，给孩子信心和勇气，帮助他找到方向和目标。

● 启发式鼓励

启发式鼓励，通常采用提问的形式，多问孩子现在的感受、孩子完成的过程与方法，并询问孩子下一步的行动。比如"你感觉怎么样？""你是怎么做到的？""你现在有没有什么想法，下一步你打算怎么做？"

例如，当孩子跑步获得了第一名，回到家后，你可以这样问他："宝贝，你跑步这么厉害，现在感觉如何？"这样询问，可以激发孩子去体会做得好时的感受。

他肯定会回答:"我感觉很开心,很快乐。"

接着,你再抛出第二个问题:"那你是怎么做到的?"

这样,孩子可以获得一个展现自我价值的机会。此时再引导孩子总结正确的做法。

他可能会回答:"因为我每天跳绳、跑步,进行体育锻炼。"

最后,你下结论:"看来你的努力没有白费,如果你想继续保持这个好成绩该怎么做呢?"

这时,想必不用你说,孩子也知道该怎么做。

● 描述式鼓励

用描述的方式进行鼓励,就是直接跟孩子描述客观事实、总结或感受。例如,孩子在画本上随便乱画,你可以这样说:"宝贝,我看见你的画乱七八糟,这是不认真的表现,妈妈感到很难过。你觉得应该怎么办呢?"

妈妈描述的时候要实事求是,不带指责,这样孩子才会接受,他会停下来思考妈妈的话,接下来开始认真画画。

● 感谢式鼓励

这种方法是建立在描述客观事实的基础上,并针对孩子做到的事情给予感谢。

例如,孩子按照和妈妈的约定,打扫了自己的房间,就可以这样鼓励他:"孩子,你今天把自己的房间打扫得干干净净,谢谢你说到做到,履行了我们的约定。"

需要注意的是,感谢孩子时不要感谢他打扫了房间,因为打扫房间原本就是他应该做的事,而是要感谢他履行了约定,肯定的是他言而有信、说到做到的好品质。

- **授权式鼓励**

孩子对一些不确定或没把握的事情总是不敢尝试，这时妈妈不妨直接告诉他："你可以的，妈妈相信你的判断。"

例如，孩子想参加绘画比赛，又担心自己画得不好，不敢行动。这时，妈妈可以说："妈妈相信你一定可以做得很好，大胆地画吧。"如此一来，孩子有了主人翁意识，明白参赛的主体是自己，自己应该想办法去完成作品，并且在妈妈的鼓励下，变得有信心完成这件事。

在生活中，妈妈可以将这四种鼓励孩子的方法任意组合，贯穿到生活的细节中去，帮助孩子树立自信和建立良好的价值观。

6 善于发现孩子身上的闪光点

很多孩子的心中都有一个阴影,那就是妈妈口中"别人家的孩子"。在妈妈眼里,别人家的孩子似乎总比自己好,自己好像哪里都是缺点。其实这跟妈妈聚焦的是什么有关,你越聚焦什么,就越放大什么。妈妈在看"别人家的孩子"的时候,只聚焦在他们的优点上,而在看自己家孩子的时候,总是聚焦在他们的缺点上,自然也就把缺点放大了。

很多妈妈总是习惯在自己家孩子的面前表扬"别人家的孩子",想以此来引导自己家的孩子向"别人家的孩子"学习。实际上,很多时候,孩子不仅不会向他们学习,反而会对其产生厌恶,严重者会产生自卑心理,觉得自己哪里都比不上别人。

有些妈妈在跟别人聊天时,总是对自己家孩子的缺点滔滔不绝,强烈地希望他们能改掉一些毛病,但是对孩子的优点视而不见。其实,你眼中有很多缺点的孩子也可能是别人口中的"别人家的孩子"。

作为妈妈,我们要深信每个孩子都有自己的闪光点,不要因为孩子学习事物慢一点,学习成绩不如意,就觉得孩子身上满是缺点,没有优点。更不能因为孩子的长相、成绩等单个方面,就给孩子贴上"不如别人""没出息"的标签。妈妈在看待孩子时不要戴有色眼镜,要学会发现孩子身上的闪光点,并给予赞美,让他们有信心地将自己的这些闪光点发扬光大。

我国著名的物理学家杨振宁，是物理领域的杰出人才，也是诺贝尔物理学奖的获得者。不过，这样一位优秀的物理学家的动手能力却很差。

在美国读书时，他还因动手能力差被同学嘲笑，同学都喜欢这样开他的玩笑："实验室哪里发生爆炸，哪里就有杨振宁。"作为物理专业的研究生，如果实验能力很差，那通常意味着这个学生没有前途。杨振宁为此也伤透了脑筋。

但是，杨振宁的导师却聚焦在了他的优点上，他发现杨振宁的分析能力非常棒。于是，导师表扬了他在这方面的天赋，给予了他信心，并悉心对他进行培养，指导他研究理论物理。就这样，杨振宁在物理领域取得了卓越的成就。

例子中，这位导师发现了自己学生的优点，给予了学生赏识和正确的引导。作为妈妈，孩子最亲近的人，我们更应该用一双充满爱的眼睛去欣赏孩子，发现孩子的闪光点，不要一味地拿孩子的短处去和别人的长处比，甚至将别人的长处过度美化，让孩子产生强烈的自卑心理。

然而在现实生活中，很多妈妈对孩子的优点存在着"盲点"。她们望子成龙、望女成凤的愿望太过强烈，对孩子的要求非常高，总是要求孩子什么都好，什么都比别人强，从而对孩子的优点熟视无睹，对孩子的缺点却不依不饶。例如，孩子回答问题时，对孩子答对的部分认为理所当然而不在意，而对答错的部分则非常敏感，甚至对孩子进行责骂。

美国成功教育学家拿破仑·希尔曾经说过："每个孩子都有许多优点，而父母恰恰相反，他们总是盯着孩子的缺点，认为让孩子改掉缺点才能使其更好地成长。其实，这样做就像蹩脚的工匠，是不可能造出完美的瓷器的。"

在孩子的成长中,妈妈善于发现孩子的闪光点,并发自内心地赞扬、鼓励和引导,孩子就会在自信中成长。我们无法界定妈妈的一次肯定对孩子会产生多么深远的影响,但不可否认的是,没有被肯定过一次的孩子,肯定过得不快乐。

发现了孩子的闪光点后,妈妈可以通过"重复肯定"给予孩子动力。

小熙是一个很爱画画的孩子,但是她在解答数学题时总比别人慢很多,因此,数学成绩也不是很理想。但是,她画的画非常好看。

一开始,小熙妈妈常常将她和别的孩子比较,总觉得自己的孩子很差劲,她曾费了很大劲来给女儿补习数学,但是成绩依旧平平。为此,她换了一个角度,仔细观察孩子,发现小熙在绘画上很有天赋,老师常常只教一遍的画法,小熙很快就能掌握。

从此，小熙每完成一幅画作，妈妈都会把她的作品好好地欣赏一番，并给予高度肯定，然后提点小意见，期待她的下一幅作品。

高考的时候，小熙以省内专业成绩第一名考入了中央美术学院。

人无完人，没有人在每个方面都能表现得很出色，妈妈对于孩子天赋差的地方，不要过于强求。他也许跑不快，但是唱歌很好听；他语文不好，但是可能数学好……我们应肯定孩子的长处，放大孩子的优点，这样孩子的想象力和创造力就会在很大程度上被开发出来，甚至达到我们想象不到的高度。

妈妈悄悄话

小心不经意间的消极性体态语言

妈妈和孩子长时间相处，互相了解，会对彼此体态语言的微妙变化把握得非常细腻、及时和准确，因此，妈妈在运用消极性体态语言时一定要谨慎，如果运用不当，会严重影响亲子感情。

- **背手**

这一体态传递出的是权威信号。父母对孩子不满或批评孩子时经常背手，孩子会从中感受到压迫感。父母在督导或惩戒孩子时可以背手，但是在一些普通场合，比如和孩子聊天时，不应采取这种体态，因为这样做会给孩子一种居高临下、盛气凌人的感觉，会让孩子产生心理压力，不利于亲子交流。

- **双臂交叉于胸前**

双臂交叉于胸前是人与人交流过程中常出现的一个姿势，这一体态传递出否定、防御的信号。当人们交叉双臂抱于胸前时，就好比与他人之间筑起了一道障碍物，将他不喜欢的人或物阻挡在外边。

在批评孩子时，父母经常会下意识地采用这种体态语言表示否定态度，但这样做会给孩子一种压力或蔑视的感觉，妨碍亲子交流。当然，这种体态并不是完全消极的，有时也会给人一种悠然自得的感觉。在与孩子交流时，如果妈妈面带微笑，这种体态也能给孩子一种平易近人、和蔼可亲的感觉。所以，妈妈要灵活运用这一体态。

- **漠视**

有时，当孩子提出无理要求时，妈妈只是用眼睛随意一瞥，甚至看都不看一下，直接把孩子晾在一边，这等于拒绝了孩子的要求，同时也起到了批评和惩戒的作用。然而，这种漠视对孩子的自尊心伤害极大。如果孩子兴高采烈地说一件事，妈妈漠然视之，这种冷漠会对孩子的心理造成伤害。因此，妈妈要慎用这种体态语言。

- **瞪眼**

瞪眼是人发怒时的一种自然面部表情，表达了强烈的愤怒情绪，对孩子的不良行为有一定的威慑作用。但是妈妈千万不能无所顾忌地采用这种体态语言，时间久了对孩子没有半点好处，只会导致亲子关系紧张，让孩子对自己敬而远之。因此，妈妈应注意控制自己的情绪和表情，不要瞪眼。

Part 6

多陪伴，
让孩子不缺爱

1

孩子缺乏妈妈的陪伴，影响未来的幸福度

● ● ● ● ● ● ● ● ● ● ● ● ●

随着生活节奏的加快，很多父母忙于事业，没有太多时间陪伴孩子，孩子都和老人生活在一起，有的即使和父母住在一起，一天里，孩子也跟父母说不上几句话。

前不久，9岁女孩写的一篇作文《我的爸爸》在微信朋友圈被大量转发，其中她对爸爸进行了"控诉"："爸爸，你再不陪我，我就长大了！"她把爸爸形容为"工作狂"，值班、加班、开会、出差……很少有时间陪她，她甚至哭着在电话里喊："要见你一面都这么难吗？"

这是孩子发自内心的呐喊，听着让人心酸。

有一名留守儿童，父母在外打工，自己和爷爷奶奶住在一起。爷爷奶奶还算年轻，对他的照顾细致入微，所住的房子也还可以，是村里自建的独栋小别墅，他吃得饱、穿得暖。但是，一年到头，他跟父母待在一起的时间也仅限于春节。

因此，从正式放寒假那天起，他就天天跑到村头的马路边等。明知父母不会这么早放假回来，但他还是每天不知疲倦地去那里等，在太阳落山后失望地回家。

无法想象，孩子每天在村头是抱着怎样的心情在等待父母回家，失望时，心里又经历了怎样的百转千回，然后第二天再次出

现在村头。其实这与都市里很多期待爸爸妈妈陪伴自己的孩子是一样的。生活的优渥代替不了爸爸妈妈给予的实实在在的陪伴。

很多由家里老人或亲戚带大的孩子，当父母回去时，总能听到照顾者发出这样的感慨："孩子由我们带着生活时脾气很好，从来不闹腾，怎么你们一回来，就各种不乖了呢？"

这是因为照顾者照顾得再好，也替代不了父母给予的爱。孩子在小的时候缺少父母的陪伴，等他长大了再来弥补，就已经没有意义了。尤其是缺失妈妈的陪伴，对孩子产生的坏影响会更明显。

对孩子来说，失去妈妈的陪伴，就是失去整个世界。没有什么爱能大得过妈妈的陪伴，得不到母爱的滋养，就会变得敏感、脆弱、斤斤计较。缺乏妈妈陪伴的孩子，会影响孩子未来的幸福度。

● **缺乏妈妈陪伴的孩子容易自卑**

民国时期，才华横溢的张爱玲，她的妈妈是那个年代典型的新派女子，常常待在海外。张爱玲小的时候，妈妈就对她不管不顾，她和妈妈相处的时间非常少，极度缺少陪伴的童年让张爱玲变得非常敏感。

虽然张爱玲在文学上的造诣很高，写出了很多好作品，但她的内心是自卑的，认为自己是不值得被爱的，因此，当遇到胡兰成，他给了她那么一点点的爱，她就如飞蛾扑火般爱上了他。纵然后来胡兰成一次又一次地伤害她，她也不离开。她爱得这么卑微，正是源于她骨子里的自卑。而这种自卑很可能是小时候没有妈妈的陪伴造成的。

妈妈一心扑在工作上，完全不陪伴孩子或者陪伴得太少，会让孩子产生一种错觉——"我不如工作重要""我不值得妈妈放下工作来好好陪伴""我是不被爱的，不受欢迎的"。当这种错觉深入孩子的内心，他就会产生自卑感和深深的自怜。

- **缺乏妈妈陪伴的孩子容易自闭**

缺乏妈妈陪伴的孩子遇到有趣的事情时，由于没办法和妈妈及时分享，会对有妈妈陪伴的人产生一种羡慕之感。看到别人在谈论一些和家人的趣事时，他们会躲开，慢慢地，会变得不愿意跟别人交流，人际关系变差，整个人变得孤僻，甚至对妈妈产生很深的怨恨。

- **缺乏妈妈陪伴的孩子会"爱饥渴"**

一个人在童年时期缺少什么，长大后，甚至接下来的余生里，可能会一直寻找缺少的这样东西。

一个从小就缺乏妈妈陪伴的孩子，对爱的渴求会比别人更强烈。长大后，他或许很难和伴侣正常相处，要么过分依赖，要么过分苛刻，让另一半感觉很累，最终可能导致不好的结局。

小芸从小和爷爷奶奶生活在一起，父母南下创业，直到她读高中了，才被接到南方。她和父母的关系很差，上大学后遇到一名高自己两届的学长，就因为学长在下雨天与她共撑了一把伞，她就疯狂地爱上了他。所幸，学长也很爱她，将她捧在手心里宠爱着。在她大学毕业后，就急匆匆地和他步入了婚姻的殿堂。

很快，她就生下了一个女儿。丈夫很疼爱女儿，常常将孩子抱在怀中，对小芸却不像热恋那会儿黏糊，小芸心里很不是滋味，觉得丈夫不爱自己了，并认为是自己的女儿抢走了丈夫的爱。

有次趁丈夫外出，她就在家里制造火灾，把只有几个月大的女儿烧死了。最后查出真相,丈夫觉得她太可怕了,果断和她离了婚。

小芸之所以会做出这么疯狂的举动,是因为她对爱的渴望太强烈,患得患失。小芸从小就缺少妈妈的陪伴,得到妈妈的爱太少,这无形中影响了她的心理健康,使她产生偏激的思想和扭曲的心态,从而做出这么疯狂的举动,断送了自己美好的爱情、婚姻和家庭。

作为妈妈,其实给不了孩子属于他的未来,他有自己的人生。妈妈能做的只是努力守护孩子能够得到的当下的快乐和幸福,和孩子一起慢慢体会相伴时的每一道风景、每一种心情,为孩子的健康成长提供爱的养分,待他们长成参天大树,让他们去过好自己的一生。

2
陪伴是对孩子最长情的告白

教育专家指出，孩子在 12 岁之前，父母主动进行的亲子活动至关重要。在这个阶段，如果孩子缺乏足够的陪伴，孩子的世界中就会缺失父母的形象，不利于其人格的形成与完善。

然而在现实生活中，很多父母为了给孩子富足的物质生活，忙于工作，却很难拿出一点时间陪孩子。这些父母并不清楚孩子真正需要的是什么。

"工作忙""加班挣钱""为了以后能生活得更好"……这些都不应该作为不陪伴孩子的借口。要知道，孩子需要的不是一台"赚钱机器"，而是父母的陪伴。虽然经济条件对一个家庭来说很重要，但是只要有父母的陪伴，即使经济条件差一些，孩子的内心依然是快乐的。反之，就算物质条件再好，缺少父母的陪伴，孩子内心也难以快乐。

元元的父母在市里开了一家汽车维修店，家里生活优渥，但是父母根本没有时间陪元元。元元穿的、用的无一不是各大名牌的当季新品，老师和同学却很难在他的脸上看到笑容。放学后，他不像其他同学那样急着收拾书包赶回家，而是慢吞吞地走出校园，然后在大街上闲晃，时不时去游戏厅和网吧消磨一下时间。老师了解这个情况后，决定找元元谈谈心。

"为什么放学后不直接回家呢？"老师问。元元回答说："回到家里也没人陪我,睡觉了还见不着个人影,太没劲了,还不如出去玩一会儿。"

"你父母知道这种情况吗?"

"我从小就很少见到他们,都是爷爷奶奶带我。现在我大了,他们每天忙着挣钱,估计没什么时间想起我吧。"

与成绩垫底的元元不同,嘉嘉是一名品学兼优的学生。小时候,他家住在郊区,父母没有稳定的职业,但是不管做什么,他们总是把嘉嘉带在身边。后来,他们在市里开了一家小的粮油店。为了能有更多的时间和嘉嘉在一起,店铺后边一个简陋的房间就成了全家人的生活空间。

嘉嘉从小就养成了一个习惯,妈妈做什么,他就跟着做什么。长大的他第一次从妈妈手中接过一袋面粉,他才意识到,原来妈妈瘦弱的身躯一直承载着这样的重量!从那以后,心疼父母的他只要回到家里就尽可能地帮父母干活。父母并不拒绝嘉嘉的帮忙,但是只要嘉嘉在学习,他们从不打扰。嘉嘉很感激父母,学习之余,总是想方设法挤时间干活,也因此养成了高效做事、学习的习惯。嘉嘉的日记本里有这样一句话:"为了供我读书,一天天老去的爸爸妈妈还要为生计忙碌,实在太辛苦了。我一定要努力读书,争取早日用优异的成绩和成功的事业来回报他们!"

看了元元和嘉嘉的故事,相信很多父母会有所反思。

其实,父母的陪伴不仅能让孩子感受到爱和关怀,还能让孩子在学习上的能力变强。

曾经有科学家研究过哪些因素能促使孩子在学习能力倾向测试上得高分。结果,智商、社会地位、经济条件都不及一个更微妙的因素重要,那就是——经常与父母一起吃晚饭。

可见,父母的陪伴对孩子来说是非常重要的,是任何东西都不能代替的。所以，为了孩子幸福、健康地成长，父母再忙，也应该多抽时间陪陪孩子，以弥补平时因工作忙而与孩子沟通少的遗憾。千万不要为了满足孩子的物质需求而舍本逐末，忽视对孩子的陪伴，让孩子产生心灵上的不满足！

3

如何做到
高质量陪伴

● ● ● ● ● ● ● ● ● ● ● ●

陪伴如此重要，很多妈妈都已经意识到了，但是，当她们真正抽出时间来陪伴孩子的时候，却不知道如何做到高质量陪伴，甚至让孩子对妈妈产生了反感情绪。其中，一个很典型的误区就是：把陪同当成了陪伴。

妈妈抽出时间来陪伴孩子了，却没有做到全心全意。虽然和孩子待在一起，妈妈却不怎么说话，全然低头玩着手机，对于孩子说的话只会"嗯嗯"地敷衍。或者，找个游乐场，让孩子自己在游乐场玩，妈妈要么看手机，要么和别人聊天，要么继续工作。

妈妈虽然人在孩子身边，但是并没有走进孩子的心，也没有真正了解孩子的需求，只是陪同在身边。这样的陪伴是无效陪伴，根本无法滋养孩子的内心，孩子还是会对你满腹抱怨。

电子产品的问世，给我们的生活带来了极大便利，但是很多人无法抵挡手机的诱惑，常常被手机"绑架"。对妈妈来说，在微信上聊天或发条朋友圈，在网上刷剧或刷新闻，都可能比陪孩子更有吸引力，把孩子随便安顿好，自己就一头扎进手机里，全然没发现孩子期待与你交流的眼神。

父母沉迷于手机而让孩子陷入危险的事情时有发生。

一位妈妈沉迷于手机，儿子掉入下水道也浑然不觉；一位妈妈带孩子去游泳，让孩子下水后，自己则在一边刷手机，结果孩子脚抽筋，在水面上挣扎了几下，可是妈妈没注意到，最后孩子没了呼吸；一位妈妈带孩子去商场购物，因沉迷于手机，孩子从手扶电梯失足坠下……

这样的惨剧每天不知道会发生多少起，其中很大一部分原因，都是妈妈在陪孩子的时候，只是陪同，没有一心一意地给予孩子关注，没有和孩子互动。这样，不仅起不到陪伴孩子的作用，还会给孩子带来危险。孩子是敏感的，最需要妈妈的关心，别让孩子跟手机抢妈妈。陪伴孩子时，一心一意，给孩子你最好的专注力。

此外，还有一种存在比较多的误区是"把管教当陪伴"。只要和孩子在一起，妈妈就寸步不离地跟着孩子，生怕他磕了、碰了、摔了，不管孩子的需求是什么，什么事情都替他做决定，不给他独立的成长空间。在这样的"陪伴"下，孩子会变得依赖性强、不自信。

妈妈整日忙于找寻培养孩子的各种能力，可在陪伴孩子的时候就想着省事，只想用说教、替他做决定等简单粗暴的方式教育孩子，而无视孩子内心真正的需求。长此以往，孩子会成为"人型木偶"，失去妈妈那根线，他什么也不敢做，也不知道怎么做。

更有甚者，把物质当成陪伴。孩子需要人陪着写作业，就花钱请家教；孩子需要人陪着逛商场，就网上下单，几天后各种名牌衣服、鞋子，全部到位。妈妈给孩子买最贵的玩具，让孩子上最贵的学校，用物质来"陪伴"孩子，妈妈自己的内心是平静了，但是孩子情感的空缺始终无法填满。

这种用物质来代替妈妈的陪伴，是最不可取的方式，孩子和妈妈之间没有建立良好的联结，爱的匮乏会导致他们畏惧付出爱，甚至也以物质去代替爱，价值观发生严重扭曲。

高质量的陪伴不仅对孩子，对妈妈自身也是一种巨大的精神滋养和心灵疗愈。它可以给孩子安全感，给妈妈深层次的成长。

其实，当妈妈的陪伴质量不高时，孩子是会发出信号的。比如，他会跑到你身边，拉着你看他做什么；会从你手上抢走手机；会扭扭捏捏地哭闹；会面无表情地看着你或坐到一边；有的孩子会直接告诉你他不开心……这时，妈妈就要调整自己的状态，放下手上的事，把注意力放到孩子身上，真正地做到陪伴孩子。

4
孩子情绪崩溃时更需要妈妈的陪伴

任何人都需要被理解，虽然孩子年纪还小，可是孩子也有自己的苦恼，有时甚至他连自己的苦恼是什么都无法清楚地表述出来，所以会出现闷闷不乐、大哭大闹、发脾气、不讲道理等表现。有些父母见状会马上采取命令或呵斥的手段，试图制止孩子的这些表现，其实这反而会加重孩子的不良情绪。所以，遇到孩子情绪崩溃时，应该更多地陪伴、关注孩子。

● 当孩子哭闹时

孩子哭闹，多半是受了委屈或者某种欲望得不到满足。有些父母一见孩子哭了，就非常着急，一直问孩子怎么了，谁欺负他了；有的还会强行制止孩子哭泣："这么大了还哭，丢不丢人？""不许哭！""赶快闭嘴！""又不是大事，犯得着哭嘛！"结果这么一说，孩子往往哭得更厉害了，什么也不愿意跟父母说，父母只能在一边干着急。

孩子哭闹是很常见的事，此时父母应该停下手上的其他事情，关切地看着他，如果孩子一直哭而不说话，父母可以轻轻地把他搂在怀里，或者温柔地抚摸他的头，用充满爱抚的目光注视着他，同时温和地鼓励他抬头望着你，让孩子感受到你对他的爱。等孩子精神放松后，你对他的爱抚和关切会直接进入他的内心，他也更容易说出自己的感觉。

8岁的可可有一个急脾气的妈妈,每次可可只要哭着回到家里,妈妈就问个没完没了,非要把原因问出来,可结果往往是孩子哭得更厉害了。有一天,可可放学回家,一进门就边哭边冲着妈妈大声嚷道:"妈妈,我再也不去上学了!"奇怪的是,这次妈妈并没有开口问她为什么,而是招手让他走过去,示意他把事情的原委讲给她听。

可可乖乖地走到妈妈身边,边哭边诉说:"今天本来轮到小池打扫教室的卫生,但老师误以为是我,看到教室的地板没扫干净,把我批评了一顿!"

妈妈没有说话,只是轻轻地拍着可可的后背,关切地看着他。可可也不再说什么,只是伤心地哭着。在妈妈的爱抚下,可可渐渐止住了哭泣。几分钟后,可可站了起来,擦干了眼泪,像没事儿人一样去看电视了。

原来可可妈妈得了咽喉炎，嗓子哑了，医生叫她少说话。可可回家时，妈妈刚吃完药，听到儿子的抱怨，本想指责可可，但因嗓子疼说不出话，只好静静地听着孩子的哭诉。

以前为了止住孩子的哭声，她可是想尽了办法，结果也没什么用。然而，自己这次什么都没有跟孩子说，孩子反而很快就从哭闹中走出来了。

● **当孩子恐惧时**

恐惧是孩子成长过程中普遍存在的一种心理现象，父母一定要学会接受并尊重孩子的心情，用鼓励的眼神看着他，告诉他你就在他身边，让他不需要害怕。这样，孩子便能摆脱恐惧重获轻松，并意识到父母是自己的坚强后盾，从感情上更加亲近父母。

当然，在孩子恢复常态之后，父母应该引导孩子以正确的态度面对令他感到恐惧的事情，让孩子静静地观察、倾听和接触事物，进而不再产生害怕的情绪。

● **当孩子愤怒时**

孩子发怒的时候，父母应该保持冷静，一定不要斥责他们。愤怒中的孩子可能对父母说一些恶言恶语，有时甚至对试图靠近自己的父母拳打脚踢。此时，父母不要生气，更不要不理不睬，一走了之。这样做不利于孩子情绪的发泄，孩子会觉得父母并不关心他，从而压抑自己的情绪，以致情绪更加糟糕。尝试努力靠近孩子，向他表明你和他在一起，他对你很重要。

当孩子的情绪缓和了，就要引导孩子，让他把内心的怒气和不满发泄出来，听他说的是否有道理，再看看自己能做些什么。

父母一定要记住，不要尝试和一个愤怒的孩子讲道理，否则很可能导致问题的升级。此时，不需要过多的话语，只需要爱抚他、关注他，留在他身边，允许他发泄不良情绪。等孩子恢复平静后，再教他理智地面对自己的情绪。

5
不要以爱之名
侵犯孩子的隐私
●●●●●●●●●●●●

为防止孩子犯错、保护孩子不受伤害，妈妈会千方百计地"监视"孩子，想知道他们每天都在做什么、想什么，有没有交坏朋友，有没有早恋或网恋。妈妈们认为孩子是自己的，不存在什么隐私，所以以保护孩子为名，侵犯孩子的隐私，比如查看孩子的网上聊天记录、私拆信件、监听电话、偷看日记等。

12岁的倩倩在日记里这样写道：

昨天我和网友聊天，妈妈又进来看我在聊些什么。她边打毛衣边时不时地看上几眼，待到很晚还不走。真是烦死了！其实我和那些陌生人根本没聊什么。

更过分的是，今天放学回家，我发现妈妈竟然私拆了朋友给我的信！我非常生气，跟妈妈大吵了一架。

我问妈妈为什么私自拆我的信看，没想到妈妈比我还生气，吼道："我是拆了，看了！当妈的看看女儿的东西还有错吗？""这是我的隐私！你应该经过我的允许才能看！"这是我第一次顶撞妈妈，妈妈却毫不在乎我的想法："什么隐私？孩子对父母哪有什么隐私！"为此，我委屈得大哭了一场。

这样的事已经发生过好几次了，我知道妈妈还偷看过我的日记。我一直没有发作，因为我知道她也是关心我，但这样的做法实在让我无法接受。难道我就不能有点儿隐私吗？为什么妈妈不能坐下来听听我的心事，而非要窥探我的隐私？

发生在倩倩身上的事在其他家庭也并不少见。虽然有些孩子知道妈妈的本意是出于对自己的爱护,但这些行为还是会让孩子感觉父母对自己不信任、不尊重。妈妈这样的做法不仅给孩子造成沉重的精神压力,甚至会让孩子产生敌意和反抗情绪。

随着年龄的增长,孩子的自我意识逐渐增强,对父母的依赖逐渐减少,会越来越渴望得到他人的尊重。同时,随着生活领域的扩大、知识信息的增多,他们的情感变得细腻,内心变得敏感,会产生许多不愿为人所知的想法,也有了属于自己的秘密。因为感觉到自己的观点已经与父母的不同,所以他们与父母的沟通会明显减少。即使有话想说,他们也会选择把自己的内心感受倾诉在日记里,或是倾诉给亲密的朋友。这时,如果妈妈用强硬手段侵犯孩子的隐私,会带来很多负面影响。

一天,可儿正在房间里写日记,突然听到有人敲门。原来是妈妈给自己送水果来了。可儿一边请妈妈进来,一边把日记本合起来。

"又在写日记啊?"妈妈问可儿。

"是啊,老师说要养成每天写日记的好习惯。妈妈可不能偷看哦!"

"你没允许,妈妈当然不会看了。其实妈妈小时候也每天写日记。不过我只用那种带小锁的日记本,生怕别人偷看。"妈妈一边回忆往事,一边对可儿说。

"那外公外婆有偷看过你的日记吗?"可儿好奇地问。

"没有。他们见我日记本上有锁,就知道我不想让别人看里面的内容,所以也就不看了。其实想想,那时候还挺好玩的,好像一把小锁就能锁住自己的快乐。"

"这样啊!妈妈,我的日记里也有好多快乐。"

妈妈真诚地对可儿说："妈妈知道。其实妈妈很希望能分享你的快乐，当然更想帮你分担忧愁。不过妈妈会尊重你的意愿，不会偷看你的日记。"

听了妈妈的话，可儿大方地说："妈妈这么说，反倒让我愿意和你一起分享我的日记了。"就这样，妈妈既尊重了女儿的想法，又得到了女儿的信任。

孩子有自己的思想和尊严需求。如果孩子有了隐私，妈妈应该像可儿妈妈一样，试着走进孩子的内心，与他们进行沟通，而不是违背孩子的意愿去窥探。那么，具体来说该如何做呢？

● 给孩子一定的自由空间

孩子不想告诉你的事，就不要一再追问，更不应该想方设法地窥探。妈妈要从心里放心自己的孩子，当孩子感受到了你的坦荡时，有些可以让你知道的事情，孩子自然会说出来，而有些不想说出来的，也知道你不会责怪自己。只有正确对待孩子的隐私，妈妈才能赢得孩子的尊重和信任。

● 用平等的身份多与孩子交流，建立融洽的亲子关系

隐私是相对的，对不信任的人是隐私，对信任的人可能就不是了。妈妈应多关注孩子的情绪变化，多与孩子平等地交流，了解孩子的心事。这样，孩子会对你产生信任感，愿意倾诉自己心中的秘密。此时，妈妈再给予必要的指点即可。需要注意的是，你一旦承诺为孩子保守秘密，就要严格遵守。如果不慎泄露出去，一定要及时向孩子道歉并解释清楚。

● **培养孩子的自我教育能力**

如果妈妈了解到孩子的隐私中有些不良因素，不要大惊失色，也不要一上来就对孩子严厉训斥，甚至殴打辱骂。正确的做法是心平气和地与孩子一起讨论人生观、价值观等问题，引导孩子自己分辨是非善恶，悟出为人处世的道理。

妈妈悄悄话

切忌将亲子关系凌驾于夫妻关系之上

很多女性生完孩子后,就将生活的重心放在了孩子身上,经常出现的情况是:妈妈和孩子"卿卿我我",却冷落了丈夫,不知不觉间,亲子关系替代夫妻关系被置于首位。

这样的现象在现代生活中屡见不鲜,殊不知,这是非常危险的,会妨害家庭和谐。

首先,将亲子关系凌驾于夫妻关系之上,妈妈会把孩子放在最重要的位置,成天围着孩子转,从婴儿期、幼儿期、青春期……每一步,妈妈都精心呵护。而孩子本身不见得就会从中受益,相反,他们会变得娇生惯养,身体素质、心理素质都较差。

其次,把孩子摆在第一位,等孩子长大了,有了自己的家庭,妈妈的恋子情结会导致孩子的小家庭关系不和,还会导致婆媳关系不和。

小立和小梅两情相悦,最终步入婚姻殿堂。一开始,他们的婚姻生活还算美满,但是,在小梅有了孩子,把婆婆接过来带小孩后,不料本来尚可的婆媳关系却迅速恶化——小立、小梅和婆婆的关系陷入了一种"三角恋"的窘境。

当小立和小梅去小区花园散步时,婆婆也一定要一起去。一次两次就罢了,但次次如此就让人有点受不了。自从婆婆入住后,夫妻俩就再也没有单独散步的机会了。

看电视的时候,如果看到小梅和小立一起坐在沙发上,婆婆也会坐过来,并且必须是小立坐中间,小梅和婆婆坐两边。

此外，小梅和婆婆互相看不顺眼，经常为鸡毛蒜皮的小事吵个不停，小立夹在中间左右为难。

例子中，小立妈妈几乎把全部感情都倾注在儿子身上，和儿子建立了非常亲密的关系，导致儿子结婚了，和儿子、儿媳形成了一种"三角恋"的怪现象，如此一来，家庭根本不可能和谐。

有些孩子因为从小被妈妈捧在手心，在家里和妈妈的关系好到几乎可以忽视爸爸的存在，导致爸爸在孩子心目中的形象被大大淡化，使孩子产生浓厚的恋母情结。

家庭是传递爱的载体，从父母传给孩子，再由孩子向下传递。在家庭中，居第一位的，不应是亲子关系，而是夫妻关系。对此，国内知名心理学家曾奇峰形容说，夫妻关系是"家庭的定海神针"，在有公婆、夫妻和孩子的三世同堂家庭中，如果夫妻关系是家庭核心，拥有第一发言权，那么这个家庭就会稳如磐石。

正确的家庭关系顺序应该是：第一位夫妻关系；第二位夫妻与孩子的亲子关系；第三位夫妻与老人的父母关系。以夫妻关系为核心，父母关系、亲子关系为辅，这个家才会和谐友爱。所以说，夫妻关系是和谐亲子关系的基础。

夫妻关系是家庭关系稳定的根基，亲子关系是家庭关系的枝叶。没有和谐与稳定的夫妻关系，不可能有好的亲子关系。

爱默生说过："所谓幸福的家庭不是在物质上的丰富，而是充满爱、了解和适应新环境的能力的家庭。"

但是，很多妈妈都搞错了顺序。

一个家如果是建立在夫妻二人的幸福互动上，孩子的快乐成长、健康成才才可能"落地"。不论妈妈多爱孩子，请别忘了要先爱孩子的爸爸！

　　正是如此，留给世人的千古难题也貌似找到了答案——"我和你妈同时掉进水里，你先救谁？""我爸呢？他救我妈，我救我媳妇。"

Part 7

妈妈在做,孩子在看

1 不要当着孩子的面吵架

一家儿童医院的医生曾谈及这样一个病例:

一对夫妻带着7岁的儿子到医院就诊,他们告诉医生,孩子最近一段时间出现了全身抽动的症状。

被问及何时发现孩子出现这种症状时,夫妻俩回忆了一下说,两人结婚8年了,最近两三年经常为一些生活琐事而吵架,吵架时也没想过要避开孩子。两个人刚开始吵架的那段时间,孩子总是害怕、流泪。后来,夫妻俩再吵架,孩子渐渐不哭了,而是躲起来。就在前不久,夫妻俩吵架时,妻子一气之下要带着孩子回娘家。可就在这个时候,他们发现孩子嘴角、眼角甚至全身都开始抽动。两人赶紧带着孩子去医院检查,但是医生说孩子的身体没什么问题。可最近几天,孩子再次出现了这种情况,而且表现得越来越严重。经过检查,医生确诊孩子患上了抽动症。

对此,医生解释说,夫妻俩经常当着孩子的面吵架,给孩子造成了较大的心理压力。这种情绪发泄不出去,一直积压在孩子心里,时间长了,孩子无法承受这种痛苦,就动用了心理防御机制,将其转化成躯体方式体现出来。于是,孩子就出现了全身抽动的现象。

大多数孩子最害怕的就是父母吵架。父母或许觉得激烈的争吵不过是漫长婚姻道路上的一个小波折，孩子却会因此而产生不必要的担忧：这是不是我引起的？爸爸妈妈还能和好吗？我们家要散了，爸爸妈妈不要我了……尤其是处于情感敏感期的孩子，他们特别依恋父母、特别需要爱，如果父母吵架，他们更容易因害怕失去父母而心惊胆战，变得没有安全感。这对孩子智力、心理和身体发育造成的负面影响将难以弥补。

哲学家弗洛姆曾经说过："当一个不幸的婚姻面临解体时，父母之间陈腐的论据是，他们不能分离，以免剥夺一个完整的家庭给孩子带来的幸福。然而，任何深入的研究都表明，对孩子来说，家庭中紧张和不愉快的气氛比公开的决裂更有害，因为后者至少教育孩子，人能够靠勇敢的决断结束一种不可容忍的生活状况。"

所以，曾有教育家呼吁：让孩子生活得有安全感是父母的责任，如果确实有矛盾需要解决，夫妻双方必须考虑孩子的心理感受，尽量控制情绪，不要随意发泄；当着孩子的面吵架是在任何情况下都应该避免的，而冷战同样会给孩子带来心理伤害；如果孩子在场，最明智的方式莫过于心平气和地各抒己见。

但人非圣贤，相信没有哪对夫妻能真正做到几十年如一日地相敬如宾。如果夫妻俩真在孩子的面前吵起来了，事后该怎样弥补呢？建议参考以下几点。

- **安抚受惊的孩子**

夫妻俩吵架后应该告诉孩子，大人吵架的事情和他无关，不要让孩子认为是自己不好导致父母吵架的，避免孩子产生自责心理；要鼓励孩子把当时的感受说出来，弄清楚孩子害怕的是什么，是父母吵架时的表情和声调，还是怕父母分开之后不要自己了。可以使用拥抱或亲吻等肢体语言来传达对孩子的关爱，同时向孩子保证，父母无论是否争吵，都是非常爱他的，不会不要他，让孩子安心。

● 千万不要对着孩子诉苦

有些妈妈会在吵架后边流泪边对孩子诉说自己的委屈和难处。这种做法会让孩子过早地面对成人世界的烦恼,不但对妈妈毫无益处,也会增加孩子的心理负担,影响孩子的心理健康。所以,千万不要把孩子当成倾诉对象。不管受到怎样的伤害,那都是大人之间的恩怨,应该在大人之间解决。

● 不要在孩子面前指责另一方

在调整好自己的情绪后,父母可以对孩子说说吵架的事,把争吵的起因简单地告诉孩子,尽可能不加入自己的意见。切记,只说事,不针对人,如"爸爸妈妈因为某事的意见不同而发生了争论"。如果妈妈在孩子面前说爸爸的不是,或爸爸在孩子面前说妈妈的不是,会对孩子和家庭和睦产生不良影响:一种情况是,孩子不想得罪任何一方,为了讨好父母而变得心口不一;另一种情况是,孩子偏爱其中一方,而孤立另外一方,导致夫妻关系更加恶化。

● 最好当着孩子的面和好

可以向孩子说明,吵架的事情已经过去了,爸爸妈妈以后不会再吵了;同时要向孩子解释清楚,当时是因为一时冲动,没有控制住自己的情绪才吵架的。尽管这些解释孩子可能并不完全懂,但是当他看到爸爸妈妈和往常一样心平气和地讲话、相处时,内心自然就会平静很多。时间久了,只要夫妻俩不再争吵,孩子就会渐渐将吵架的事淡忘。

● 勇于承认错误

小宝的爸爸妈妈吵架时,怒极之下,小宝妈妈大声地斥责小宝爸爸是"精神病"。小宝听到后慌了神,连忙打电话向奶奶求助:"快来救爸爸,他生病了!"奶奶问清原委后对小宝做了解释,大人本以为事情就这样过去了,没想到,从那以后,小宝竟将"精神病"当成了自己的口头禅。为此,小宝妈妈郑重地向小宝承认了错误:"是妈妈说错了话,妈妈以后一定注意。"至此,小宝的"吵架后遗症"才算彻底治愈。

父母的一言一行都可能成为孩子模仿的对象,所以吵架时一定要注意不能口不择言,更不要用一句"这种话大人能说小孩不能说"就把自己的不良言行敷衍过去,要勇于向孩子承认错误。

总之,为了让孩子拥有自信、乐观的心态,对生活充满热情,父母一定要为孩子营造温馨和睦的家庭氛围,不要让孩子终日生活在惶恐不安中。

2
言出必行，赢得孩子的信任

孩子对妈妈的信任主要取决于妈妈的一言一行。好妈妈不会因为任何事情对孩子大吼大叫，也不会高声强调自己的尊严。对于孩子来说，温声细语、言出必行的妈妈才是值得信任的好妈妈。

小露是小学三年级的学生。有一次，她的考试成绩很差，其他同学也有考得不好的，他们一个个忧心忡忡的，决定瞒着父母，不然父母看到他们的成绩后又会吼叫着训斥他们，然后让他们做更多的习题。而小露丝毫不担心，因为她跟妈妈有约定，不论成绩好坏，只要如实汇报，妈妈绝对不会惩罚她。于是，小露跟往常一样开心地回家了。

吃完晚饭，小露准备写作业。这时，她拿着自己的试卷来到妈妈跟前："妈妈，我这次考试没有考好，因为昨天没有认真复习。"

妈妈听了小露的话后，发现小露出错的地方确实是没有复习到的地方。妈妈微笑着对小露说："你诚实地告诉了妈妈你的成绩，也找到了自己的不足之处，妈妈很高兴。今晚妈妈跟你一起复习吧，把那些不会的问题都学会。"小露开心地点了点头，和妈妈一起愉快地复习去了。

小露如此信任妈妈，正是因为小露妈妈言出必行。如果小露妈妈承诺了不会惩罚她，而在看到她的成绩后生气地大吼大叫，那么小露一定不会如此坦然地拿出试卷,也不会承认自己的问题所在了。

相信每位妈妈都曾经对孩子有过承诺,可是真正做到的又有几个呢?妈妈在一些小问题上对孩子许下承诺,可是发生了大问题后,就对孩子大吼大叫,这样的妈妈怎么可能赢得孩子的信任?

在孩子的世界中,父母是最重要的人,所以你的承诺也更受到孩子的重视。

当妈妈做出承诺时，孩子往往都会相信。如果妈妈不把自己的承诺当回事，说话不算数，孩子就会很生气，认为"人是可以不兑现诺言的"。长此以往，妈妈在孩子心目中就失去了威信，对孩子的教育也会显得苍白无力。

所以，妈妈不要随意对孩子许诺，除非保证自己能做到，信守承诺，无法实现诺言时要及时向孩子解释或道歉，这样才会真正赢得孩子的信任。

3
做错了，就真诚地向孩子道歉

● ● ● ● ● ● ● ● ● ● ● ●

到了去亲子中心上课的时间，妈妈催了友友好几次，可友友还是一直在低头摆弄拼图。眼看就要迟到了，妈妈怒气冲冲地走过去，抓起友友面前的几块拼图扔进了垃圾桶。友友眼泪汪汪地看了看妈妈，想要说些什么，但还是沉默着换了鞋，跟妈妈出门了。

路上，妈妈忍不住又批评了友友几句："不是不让你玩拼图，但是你不该因为贪玩耽误了上课。"

友友听了，小声说了句："我就是想把它们放回盒子里，好下次再玩。"妈妈听了，虽然有些后悔自己刚才的做法，但还是没有说什么。

过了几天，妈妈的一个朋友带着儿子来家里做客。男孩比友友大两岁，和友友一起玩玩具的时候不但不爱惜玩具，还把玩具到处乱扔。而友友却能做到每玩完一件玩具就随手放回原来的位置，还把男孩弄乱的玩具摆放整齐。

朋友见了，羡慕地问友友妈妈："友友才3岁，已经能做到把自己的玩具摆放整齐了，你是怎么培养的？"朋友的话让友友妈妈很得意，她兴高采烈地向朋友介绍经验："友友2岁的时候，我就为她准备了专用的玩具架和整理箱，还为她示范该怎样摆放玩具。久而久之就养成了习惯，现在每次玩完玩具后，她都能自觉地把玩具归位。虽然她的玩具很多，但是因为每个玩具都有自己的位置，所以一点儿都不会乱。"

说着说着，友友妈妈猛然间想起自己扔友友拼图的事。当时友友为了把玩具归位耽误了时间，她却因为心急误解了友友，不光责备她贪玩，还把她心爱的拼图扔进了垃圾桶。这让妈妈心里感到一阵难过，差点就因为自己的误解毁了孩子已经养成的良好习惯，还好自己及时认识到了这一点。朋友离开后，妈妈走到友友面前，为误解友友的事郑重地向她道歉。

人无完人，父母不可能每件事都做得正确。如果父母总是为自己的错误"打掩护"，不肯向孩子承认错误，久而久之，孩子对父母提出的观点和要求也会产生质疑，甚至不再重视。那么，失去了说服力的父母以后再对孩子进行教育时，也就变得难上加难了。

事实上，父母在孩子面前犯错后勇于承认并适时地向孩子道歉，不仅不会丢了面子，反而能够赢得孩子的尊重和信任。父母在向孩子道歉时有以下这些地方需要注意。

- **道歉要直接**

错了就该当着孩子的面及时、直接地道歉，不要拖拖拉拉、支支吾吾、拐弯抹角。有些父母选择以信件的方式，或是让他人帮忙转告来表达歉意，这些都是很难获得孩子的认可的。因为这种方式会让孩子感觉道歉来得太迟、缺乏诚意，自然也很难起到好的教育效果。当孩子感受到父母率直、不扭捏的道歉，孩子将来也会大大方方地承认错误。

- **道歉要真诚**

道歉不是只说句"对不起"就万事大吉了，父母一定要让孩子感受到自己的诚意，要让孩子体会到自己犯错后歉疚的心情。

向孩子讲明自己犯错的原因，由心而发地向孩子道歉，才能收获孩子的谅解，从而化解与孩子之间的矛盾。

● **不要随便向孩子道歉**

有些父母会过于频繁地向孩子道歉，孩子不爱吃饭、上学迟到、生病不舒服……父母都认为是自己的原因导致的。这种不管发生任何事，父母都把责任揽在自己身上的做法，非但不能建立良好的亲子关系，反而会让孩子变得越发骄纵任性、责任感缺失。所以如果父母没有什么不对的地方，千万不要动辄对孩子说"都是爸爸（妈妈）不好"。

总之，为自己的错误真诚地向孩子道歉，可以明确表达出父母对孩子的尊重，可以架起亲子间沟通的桥梁，是父母与孩子维持情感的良方，也是父母应该为孩子做出的正确行为示范。

4
悲观、消极也会"传染"

孩子出生伊始,最亲近的人就是妈妈。妈妈是孩子幼年时期的整个世界,妈妈的情绪对孩子有着深刻的影响。

英国曼彻斯特大学做过这样一个有名的实验——静止脸实验。

一开始,妈妈和孩子开心互动,孩子也非常快乐,积极响应。然后,妈妈开始变得面无表情,孩子立刻发现不对劲,开始想尽一起办法吸引妈妈的注意力。不断地跟妈妈互动,但是妈妈仍然一脸严肃,一句话也不说。这样维持了1分钟后,孩子终于崩溃地大哭起来。

妈妈总以为孩子还小,什么都不懂,事实上,妈妈的情绪孩子在第一时间就能感受到,他们对妈妈的喜怒哀乐尤为敏感。

在孩子还小的时候,妈妈阳光,孩子就灿烂;妈妈悲观,孩子就消极;妈妈沉默不语,孩子不敢喜笑颜开;妈妈抱怨愤恨,孩子也就学会了委曲求全。

妈妈的悲观、消极会"传染"给孩子。

从小然记事起,她就没怎么看到过妈妈开心笑着的模样,成天满脸愁容,还经常抱怨爸爸不着家、婆媳关系不和谐。

小然爸爸常常出差在外好几个月,妈妈常年处于"丧偶式"

的生活，对自己的婚姻状况很不满，再加上有朋友传出爸爸跟外面一个女人有点暧昧，妈妈变得更加郁郁寡欢。虽然妈妈也没打算和爸爸离婚，但是，她每天的生活都不快乐。在小然的记忆里，只有自己考满分的时候，妈妈的脸上才会有笑意。

为此，小然拼命学习，成绩很好。但是慢慢地，好成绩也打动不了妈妈，妈妈变得沉默不语，小然被妈妈的情绪压得喘不过气来，几度想要逃离。

小然长大以后，不敢结婚，她对婚姻很悲观，总觉得如果妈妈不跟爸爸结婚，或许妈妈会过得更幸福。甚至在其他方面，她也总是以最坏的情况去考虑，因此，她做什么都很卖力，生怕那最坏的情况发生在自己身上。有一段时间，工作诸多不顺，使她患上了抑郁症，每天都要靠安眠药才能入睡。

例子中，小然的妈妈是一个不懂疏导不良情绪的人，以致自己对生活提不起兴趣，也导致孩子谨小慎微、察言观色，努力讨好妈妈。而小然在妈妈郁郁寡欢的"渗透"下，对生活变得悲观，对婚姻也不敢有奢望，陷入了悲观、消极的状态中不可自拔。

著名作家张爱玲就有一位不快乐的母亲。她曾在书中这样描述她的母亲："她才醒来总是不甚快乐的，和我玩了许久方才高兴起来。"

而这个"总是不甚快乐的"母亲，也折磨了张爱玲一生。张爱玲感情不顺遂，曾一度活在抑郁里……

台湾心理学博士洪兰女士说："从人类演化角度看，母亲是家庭的灵魂，母亲快乐全家快乐，母亲焦虑全家焦虑。"

所以，妈妈千万不要做一个整天郁郁寡欢的人，要做一个乐观开朗的人。

5
教育孩子，先改掉自己的坏习惯

家庭教育是孩子一生中接受的最重要的教育。相比于语言上的教育，行为教育更具有感染力和效仿性。所以，妈妈在教育孩子前，应从自己的行为入手，给孩子树立榜样。

三年级的晓阳迷上了玩手机，不做作业的时候，但凡看到妈妈的手机放在桌上、沙发上，就会趁妈妈不注意拿起手机，躲在一个角落，开始玩游戏。有时候，即使在做作业，只要手机进入她的视线中，她就会放下作业，先玩一会儿手机游戏再说。反正，在她的脑中只有四个字"手机为重"，有玩手机的机会绝对不放过，没机会玩，创造机会也要玩。由于沉迷手机游戏，她的成绩一落千丈，每天还一副没睡醒的样子。

让妈妈非常抓狂的是，有一天晚上，妈妈和晓阳早早地睡了，十一点多的时候，妈妈醒来上厕所，一时兴起，去卧室看了看女儿，不料看到晓阳正躲在被窝玩手机。原来女儿趁妈妈睡着了，偷偷拿走了手机，原本打算玩一两局，结果一发不可收拾。妈妈顿时明白了女儿近日发生变化的原因，接下来的日子里，她不断地跟女儿讲道理，不停地讲玩手机的坏处。对于妈妈的啰唆，晓阳开始只是受着，后来终于爆发了："要我不玩手机，你怎么天天玩，吃完饭玩，我做作业的时候你也玩，我睡觉的时候你还玩。有本事你也别玩啊！"

晓阳的那句话瞬间点醒了妈妈：自己都没做好，教育孩子的时候就完全丧失了说服力。

例子中，晓阳妈妈对孩子苦口婆心，以为讲了一大堆道理，孩子就会有所改变。事实上，孩子很多时候表面上不反对、不反抗，但并不是真的认同你的想法，而是在你的高压下不敢言。而妈妈的啰唆，就是在为孩子的怒气充值，当怒气值达到一定程度就会彻底爆发。晓阳的爆发恰恰证明了妈妈连日来的啰唆并没有产生任何效果。

于是，妈妈闭了嘴，没有再啰唆。此后，在晓阳做作业的时候，妈妈也放下了手机，看起了书；晓阳睡觉的时候，自己也睡下，并且不再玩手机；和晓阳待在一起的闲暇时间，也是聊聊天、弄弄花草、做做手工……

很多天后，晓阳看到了妈妈的变化，问起妈妈怎么不玩手机了。妈妈笑了笑，说："妈妈在戒手机，等我戒掉了，我再教你戒。"

晓阳听了却道："我知道怎么戒了。"

一旦发现问题所在，晓阳妈妈很快进行了反思，并积极地采取措施，从自己的行为入手，把自己的不良习惯改掉。她在孩子面前树立了良好的榜样，并且让孩子体会到爱玩手机的这个坏习惯是可以通过读书、做手工等活动取代的。而妈妈在做这一切的时候，即使什么都不说，就已经把自己想要表达的都传达给晓阳了。在行为上给了晓阳一定的引导后，她自然也就知道自己该怎么做了。显然，这比成天啰唆的效果好多了。

孩子往往精力旺盛，求知欲、规则意识、模仿能力强，意志力却较为薄弱，对某一事物的喜爱会陷入一种痴迷状态。晓阳爱上了手机游戏，一陷进去就沉沦了，因为意志力薄弱，无法控制自己的行为,再加上对家人坏习惯的效仿,才逐渐走向了沉迷手机的地步。同样的,要她改正,其实并不难,只要妈妈用自己的正确行为加以引导,做给她看,她自然就会发生改变。而如果妈妈过于"双标",自己都做不到的事情、都不愿意改正的习惯,却要求孩子做到、要求孩子改掉,孩子当然会不服气。

孩子的规则意识是很强的,认为规则是大家都必须遵守的,妈妈不遵守就为他留了"漏洞",让他有了不改的借口,从而对妈妈言语上的劝说表现得更反感。

因此,用自己的行为去影响孩子的行为,比啰唆强多了。孩子会觉得你和他是战友,是一起去战胜坏习惯的好伙伴,他在战斗的过程中才不会觉得孤单,才会更有动力。

妈妈悄悄话

懒妈妈真的会培养出勤快孩子吗

在生活中,常常能听到这样的话:我家孩子真是太懒了,什么都要我操心,写了作业,我要帮他收好;脱了的袜子,我要帮他丢到脏衣篓;洗了头发,总要我给他吹……

妈妈一边抱怨着孩子的懒,一边又忍不住抢过孩子手里的扫把:"哎呀,你看看,那里全是垃圾。"或者一边抢过孩子手上正在整理的文具,一边说:"唉,整理个文具都这么慢,以后有吃的,你都抢不到!""真是让人操心,啥也做不好,真不知道等你长大了,离开了我,还能有饭吃吗?"……于是,妈妈在骂骂咧咧中帮孩子办了很多孩子自己可以做的事。渐渐地,孩子什么事情都理所当然地交给妈妈办,变成了妈妈所埋怨的"懒孩子",而妈妈也变得如果不包办、不安排好孩子的事情,就会忍不住担心,甚至寝食难安。而下面这个妈妈就不一样了。

吕佳是一个很"懒"的妈妈,从女儿小欣一岁多会走路的时候,她就开始偷懒了。比如,自己在干了一天的家务后,懒得起身,就让小欣给她拿零食。等小欣大一点后,就让小欣帮忙扫地,小欣会慢腾腾地打扫一个小时。

小欣上小学了,一开始遇到难题就来问她,她一般都"懒"得回答,只是敷衍:"再想想看,我的女儿可聪明了。"然后,没过一会儿,孩子就真的做出来了。以后凡是遇到有点难的题,小欣都能先自己独立思考。上小学三年级时,一个冬天的早上,吕佳因为晚上加班,早晨没起来,就让早起的小欣自己做早餐。妈妈躺在床上解说步骤,小欣就在厨房操作,学会了煎蛋。后来,小欣不仅没有让自己饿着,还给妈妈做了早餐。小学毕业的时候，小欣已经会做很多菜了。

上了初中，小欣也从来没有让妈妈操心过，自己的个人卫生做得很好，还帮妈妈做家务。学习上，老师交代的事情，她都不需要妈妈来提醒，成绩一直名列前茅。现在提起小欣，吕佳心里无不感到欣慰，朋友们也都很羡慕她。

在中国，一个勤劳的妈妈更符合中国传统文化中相夫教子的标准，会被人们尊为模范；而一个懒惰的妈妈则会被人们所不齿。但是，在养育孩子方面，如果妈妈过于勤劳，不留一点机会给孩子锻炼，那孩子可能会变得非常懒，反之，如果妈妈懒一点，培养出来的孩子则更勤快。

正如例子中的吕佳，她在孩子的能力范围内选择了"懒"，不仅让孩子掌握了做菜、做家务等各项技能，还培养了孩子"自己的事情自己做"、独立思考的好习惯。像小欣这样的孩子不仅能自己照顾自己，还能在一定程度上照顾妈妈。

然而，下面这个"懒妈妈"却没有那么幸运了。

小吴在大学的时候就是一个很懒的人。除了必修课，她几乎不怎么出门，连饭都是室友给她带回去，她最喜欢做的事情就是赖在床上，最长的时候能宅在寝室一星期不出门。

虽然现在结了婚，生了孩子，但是，她在"懒"的方面并没有很大改变。听说妈妈懒一点，可以培养出勤快的孩子，她仿佛给自己找到了理论支撑，在养育孩子时，更是变本加厉地懒起来。比如，孩子一岁多的时候，她就让孩子自己去切西瓜吃，结果孩子连刀都握不住，差点砸到了脚上；孩子才两三岁的时候，她就让孩子自己去洗米，煮粥吃，结果差点没烫伤；等孩子大一点的时候，她什么事情都想让孩子干，自己一下班就躺在沙发上刷手机、看电视，孩子让她帮什么忙，她都是一副懒得动的样子。

如今，孩子已经上二年级了。一天，一位朋友来家里做客，席间，她让孩子去拿点辣椒酱来，不料，孩子直接怼道："你自己怎么不去？"

她白了孩子一眼："懒死你！"

孩子也不示弱："那也没你懒。"

小吴有点尴尬，对着客人不好意思道："这孩子太懒了。"

结果，孩子一点也不示弱："随你呗！"

例子中的懒妈妈就没有因为懒而培养出一个勤快的孩子，反而让孩子继承了她的懒，导致两个人像一对冤家似的，谁也不愿意勤快一点。这是为什么呢？

第一，她对"懒妈妈"产生了误解。这里的"懒"并不是什么事情都不做，万事都不管的懒，而是在一些小事、琐事上犯懒，适当地让孩子帮忙，给孩子锻炼的机会。毕竟孩子还小，如果妈妈过于懒惰，就成了反面教材，成为孩子效仿的对象。

第二，没有在孩子能力范围内偷懒。一岁多的孩子，哪里会用刀，让孩子自己拿刀去切西瓜，极有可能造成生命危险。更重要的是，随着孩子不断长大，孩子在需要大人帮忙时，妈妈都让他去尝试自己根本办不到的事情，只会让他产生郁闷烦躁的心理，觉得妈妈太强人所难，并且在心里刻下"妈妈就是自己懒，才不帮忙"的印象，从而产生逆反心理，用懒惰来报复妈妈。

因此，妈妈必须要做一个智慧型的"勤懒相宜"的妈妈，才能取得效果。

正如小欣的妈妈，她知道自己什么时候该勤，什么时候该懒，在孩子处于不同年龄时，选择在不同的方面"懒"，以培养孩子的能力，从而实现孩子真正的"勤"。

Part 8

....

聚焦不同场景,
解锁亲子交流密码

1 孩子总是哭，怎么哄都不行

辰辰4岁了。一次，辰辰在楼下和朋友们一起玩，玩了一小会儿，却因为别人抢了他的玩具哇哇大哭起来，辰辰妈妈很快上前去哄他。

辰辰妈妈发现，辰辰每次刚开始哭的时候是有眼泪的，可是后来就只是持续哭的动作，并没有流眼泪，而且每次哭的时间都很长，越是哄他，他哭的声音反而越大。

辰辰一天当中能掉好几次眼泪。起床后经常莫名地哭一次，谁不在家就会找谁；吃饭时，父母夹了他爱吃的菜他也会哭；玩玩具时，玩具被弄坏了或者不会玩了，他还是会哭……辰辰妈妈每次都得哄，可辰辰爱哭的行为没有丝毫改善。

为什么三四岁的孩子动不动就哭，如果父母稍微阻止，会哭得更厉害？一般来说，孩子爱哭有以下原因。

第一，孩子天生敏感，稍有不如意，就会通过哭闹、发脾气等方式来表达和发泄情绪。这种类型的孩子，大多父母比较严厉，经常对孩子大吼大叫，而孩子也会相应地用哭闹来博取同情。

第二，孩子已经将哭作为一种手段。只要哭闹，他的想法就能获得满足，时间长了，孩子会觉得"只要哭，父母就会同意"。

第三，对孩子的基本需求无法满足，比如总是没时间陪孩子，答应过孩子的事情总是一再拖延，很少跟孩子亲昵等。这类孩子往往会因为安全感不足而爱哭。

如果孩子是因为第一种原因爱哭，那父母一定要先改掉大吼大叫的沟通方式，当你不再吼叫后，就会发现孩子也不怎么哭闹了。如果孩子是因为第三种原因爱哭，那父母应该将更多的精力放在孩子身上，当孩子感受到满满的爱后，爱哭的习惯就会慢慢消失。第二种原因哭闹的孩子是最多的，此时妈妈不妨按照下列步骤来做。

- **观察**

当孩子莫名地哭起来，不要急着做出任何反应，先仔细观察他。记住，你需要做的是无声地观察，不要安慰他，也不要接近、碰触他，保持这样的状态，直到他也看着你。

- **揣摩**

妈妈在观察孩子的时候可以思考孩子哭之前发生的一系列事情。找出其中的原因，比如，他是饿了吗？他是被玩具碰到了吗？当他看向你后，你可以出声询问。如果他并未专注于你的询问或者没有给予回应，就停下来稍作等待，再继续询问。只要有足够的耐心，孩子会理解你与他沟通的意愿，并给出响应。

- **说出孩子的选择并采取行动**

如果你得到了孩子的响应，比如你说："你是被玩具碰到了吗？"他点了点头，那你就要赶紧说："哦，你碰疼了呀！来，妈妈抱抱你。下一次如果不小心碰疼了，可以直接告诉妈妈，不用哭。"

当然，这个方法不会一次就管用，需要你在孩子成长的过程中反复使用。当孩子习惯了这种与你沟通的方式后，就能控制自己的哭声，逐渐学会用语言表达自己。

孩子的哭声是父母教育孩子的一个机会，所以父母千万不要与孩子建立"只要一哭就去抱"的响应方式。这会导致孩子形成一种依赖：只要我哭，妈妈就会帮我！这种习惯模式养成以后，孩子做事会更容易放弃，也不能很好地通过语言表达自己。

因此，面对孩子撕心裂肺的哭声时，一定要克制情感，理智回应。

2

你说一句，孩子顶嘴说十句

● ● ● ● ● ● ● ● ● ● ● ● ●

孩子一天天地长大，可再乖巧的孩子也有不听话的时候，孩子顶嘴几乎是所有父母在孩子成长中必经的过程。

虽然顶嘴是不尊重父母的行为，可父母也不能一味地指责和埋怨孩子，毕竟孩子顶嘴的原因有些是意想不到的。

童童是个很喜欢说话的孩子，妈妈甚至无奈地称呼他为"小话痨"，只是他不仅爱说话，有时候还喜欢顶嘴。对于妈妈的一些话，他经常选择质疑。

一次，童童在屋里写作业，妈妈将空调打开，因为怕凉风太大会吹冷童童，便将温度调整到28℃。童童却对妈妈的行为质疑起来："妈妈，我一点都不觉得凉快，空调说明书上写了，最舒适的温度是26℃，你为什么要设定28℃……"

童童妈妈无言以对，顿时觉得头大，无奈又将温度调到了26℃。

例子中的童童虽然顶嘴了，但并不是因为对妈妈不尊重或者任性。童童说的是自己独立思考后的想法，如果童童妈妈压制他的话，可能就会打消童童独立思考的积极性。

所以，对于孩子的顶嘴现象，万不可一味地埋怨、压制孩子，要了解孩子顶嘴的原因，并根据具体情况改变教育方式。

一般来说，孩子顶嘴主要有以下这几点原因。

- **孩子自主意识的萌发**

在 1.5 ~ 3 岁，孩子的自我意识开始萌发。此时，孩子开始有自己的主见，当和父母的想法产生分歧时就会顶嘴，但并不是故意的。

- **吸引父母的关注**

有些孩子和父母顶嘴，是为了让父母多关注他，是故意的。因这种原因顶嘴的孩子多是缺乏安全感，想要证明父母还是爱他的。

- **父母之间的交流方式不当**

有些父母平时的沟通方式就是互相顶嘴、互相怼，所以孩子受父母言行举止的影响，也会用顶嘴的方式和父母交流。

孩子顶嘴确实不是一个好现象，一旦习惯成自然，不利于孩子的学习和成长，甚至会影响他未来的人际关系。
那么当孩子开始顶嘴时，父母该如何正确地应对呢？

- **保持冷静**

孩子在和父母顶嘴的时候，一般情绪都是比较激动的。此时，父母一定要保持冷静，稳定自己的情绪，等孩子的情绪稳定后再和他心平气和地沟通。如果父母因为生气去打骂孩子，还可能会让孩子出现更过激的行为。

- **教给孩子其他表达方式**

等孩子冷静后，可以心平气和地和他说："你长大了，有和爸爸妈妈不同的意见,是很正常的现象,这也代表着你变得独立自主,但是,顶嘴并不是一个好的表达自己意见的方式。"父母可以借此机会,教给孩子正确的表达方式,包括语气、语调等。

- **以身作则**

孩子的模仿能力很强,如果父母之间时常发生顶嘴之类的冲突,那你对孩子的管教就显得毫无力度了。所谓言传身教,讲道理永远没有实际行动的说服力强。

3

如何应对"人来疯"的孩子

周末,豪豪妈妈的朋友要到家里做客。客人来之前,豪豪一直乖乖地坐在小板凳上看书,妈妈则在旁边准备招待客人的糖果和瓜子。客人来了,妈妈和客人聊起天来。这时豪豪却"忙碌"起来,他把书一丢,一会儿要吃东西,一会儿要看电视,一会儿在沙发、床上乱蹦乱跳,一会儿又满地打滚,满屋子疯跑。妈妈呵斥了他几句,他就伸舌头做鬼脸,甚至向妈妈吐口水。妈妈气得大声吼他,可他还是不肯停下来。最后,妈妈只能把豪豪关进他的房间。没多久,房间里传出"哗啦"一声巨响,原来豪豪推翻了玩具箱……

相信很多妈妈都遇到过这种尴尬的场面。一旦家里来客人了,平时乖巧听话的孩子便会做出许多"出格"的举动,越是制止,他们反而闹得越凶。孩子的这种"人来疯"举动,究竟是什么原因造成的呢?

大多数"人来疯"的孩子本身具有强烈的表现欲,喜欢给别人带来乐趣,希望得到别人的认可和赞赏,但是,孩子的自制力有限,一不小心就表现过头了。由于过度兴奋,孩子可能会出现不好好吃饭睡觉、破坏玩具等行为,长期容易形成暴躁、易冲动、自我控制力弱的不良性格,甚至还会影响神经系统的正常发育。因此,妈妈要采取正确的方法,及时对"人来疯"的孩子进行教育和引导。

- **给孩子表现的机会**

对于想要表现的孩子,妈妈应该在平时多陪伴他,多听孩子说话,让他知道你对他的事情非常感兴趣。这样既满足了孩子的表现欲,又能让孩子感受到妈妈对自己的重视。

- **扩大孩子的社交圈**

孩子对外界环境的探索是健康的心理需求,有助于孩子发展心智,妈妈应给予满足。建议经常带孩子逛公园、商店,拜访亲友,同时也要鼓励孩子多交朋友,这样在陌生环境,或碰到陌生的人就不会表现出行为失常了。

- **和孩子约法三章**

在客人来访之前,妈妈要和孩子做一次交流,向他提出具体明确的要求。需要注意的是,不要一次提过多的要求,只要针对孩子的主要问题,重点提出两三点即可。妈妈说完后,要让孩子重复一遍,确保孩子牢记于心。同时,妈妈还要提出具体的惩罚或奖励措施。比如,如果"人来疯",就取消某项外出游玩的计划;如果听话,就及时给予表扬,并满足他们一项正当的要求。

妈妈在管教"人来疯"孩子时要注意,千万不要当着客人的面或在孩子玩得正开心的时候管教孩子,否则会伤害孩子的自尊心和自信心。

4 孩子出口成"脏",怎么办

小涛今年4岁了,是个懂事的男孩,然而最近不知道怎么了,乖巧的小涛居然学会了说脏话,只要谁惹他生气,他就会骂人……

有一天,妈妈带他一起去参加朋友聚会,小涛把自己的遥控飞机也带了过去。聚会时,妈妈的一个朋友见小涛长得乖巧可爱,就对小涛说:"小朋友,你的飞机好酷啊,能教我玩吗?"小涛爽快地答应了。教了几遍之后,那位朋友还是装作不懂的样子,故意逗小涛。结果小涛不耐烦了,他一把夺过玩具,说了一句:"你怎么像猪一样笨,快滚开吧!"这句话让妈妈极为震惊,那位朋友脸上的表情也瞬间僵住了,然后假笑几声,借口离开了。

妈妈随即训斥了小涛,小涛也哭着承认了错误,并保证以后再也不说脏话。然而,还没过一天,他的嘴里又开始蹦出脏话了。妈妈看在眼里,急在心上,并对此很疑惑:家里人并没有谁说过这样的话,他到底是从哪里学来的呢?

某一天,当孩子用稚气的声音说出不文明的词语时,作为妈妈的你是不是也会像小涛妈妈一样,有些不敢相信自己的耳朵呢?由于受周围不良环境的影响,加上孩子有喜欢模仿的天性,到了一定年龄,孩子会突然变得爱说脏话。孩子的"脏话活跃期"在三四岁的时候最突出。在这段时期,有的孩子无论在什么场合,都会用脏话和人交谈,甚至用脏话来反击对方。

说脏话会引起人际关系的不和睦,招致他人的厌恶,也会对孩子的成长及心理发育产生一定的负面影响。很多妈妈听见孩子说脏话,轻则吼叫批评,重则给孩子一个耳光……然而,孩子似乎对脏话"情有独钟",而且有愈演愈烈之势。要想彻底解决孩子说脏话的问题,首先要找出孩子说脏话的原因,然后针对性地给予指导。

● **孩子因模仿而说脏话**

3岁的小伟在过生日的时候得到了一套儿童工具箱,于是他开始模仿上周爸爸修理板凳时候的样子,在自己的小桌子上叮叮当当敲个不停。但他每敲一下,嘴里都会嘀咕一句脏话。

小伟为什么会这么说?毋庸置疑,他的脏话是跟爸爸学的。孩子不文明的语言一般来自周围环境,如果父母说话粗俗、满口脏字，那孩子就很容易模仿。但孩子通常并不理解其中的含义，因此，妈妈不要去强调这件事，听过就忘掉，不加任何评论。但是一定要找出孩子说脏话的根源，尽量让孩子远离或少接触不良环境。

● 孩子因为想引人注意而说脏话

听到年龄很小的孩子"出口成脏"，有的妈妈会觉得有趣，忍不住哈哈大笑，不以为然；听到年龄大一点的孩子说脏话，妈妈则会生气，斥责孩子。无论是哪种原因，妈妈的反应都会加深孩子对脏话的印象。孩子会认为，说脏话能够实现引人注意的目的。同时，孩子会觉得自己长大了，当他说出不被允许说的脏话时，会有一种"独立"的掌控感。因此，当前几次听到孩子说脏话时，妈妈要尽量保持平静，不要理会，让孩子觉得脏话跟其他话语没什么两样。一旦孩子觉得这样的话语无法引起别人的注意，他们就会觉得无趣，慢慢也就不会再说了。

● 孩子因发泄情绪而说脏话

当与人发生冲突或者愿望得不到满足时，孩子也会说出自己觉得最恶毒的语言。这时候，孩子很清楚自己在说什么，因为他们就是要通过脏话来发泄自己的不满，以舒缓压力。对于这类孩子，妈妈要明确指出：说话要文明，说脏话的孩子不是好孩子，并督促孩子改变这种不良行为，引导孩子用文明语言表达自己的内心感受，比如告诉对方"你没道理""我认为你做得不对"等，甚至生气不理对方，这些都比骂人更有利于解决矛盾和冲突。

● **孩子因用词不当而说脏话**

小勇爷爷又忘记收音机放在哪儿了,小勇坐在板凳上,自言自语道:"爷爷真是个大白痴!"全家人都被他的话惊到了。此时,小勇妈妈问他:"你认为大白痴是什么意思?"小勇说:"爷爷总是找不到东西……"妈妈即刻纠正他说:"那就应该说'爷爷记性差'才对。现在我们一起帮爷爷找收音机,今后一旦你有东西找不到,我们也会一起帮你找。"

一般来说,孩子很可能是无意间在某处听到了这些词,又不了解其确切意思和恶劣程度,便随便使用这些词。这时,妈妈不应该只用一句"不许这样说"就把孩子打发了,而是应该教他学会正确的说法。

如果孩子在多次警告后仍然说脏话,妈妈就要采取适当的惩罚措施了。最有效的方法是,让孩子停下他正在做的感兴趣的事,让他安静地去某个地方待几分钟,自我反省。如果这种惩罚难以奏效,就取消孩子的某些权利,比如取消某项活动计划等。

5
应对发脾气的孩子，
一起发火你就输了

小涵4岁了，一天，他看了一下午的动画片，吃过晚饭之后，又跑到电视机前想要继续看。小涵妈妈看到后阻止了他，跟他说："你今天看电视的时间太长了，不能再看了，明天再看。"

小涵听了妈妈的话，先向妈妈撒娇说看最后一集。在没得到妈妈的回复后，就随手要去按电视的开关，这时妈妈及时阻止了他。见妈妈坚决不让自己看电视，小涵急得用脚踢了几下沙发，然后坐在地上，大声哭闹起来："我就要看，就要看，凭什么听你的。"

妈妈一把将小涵从地上拉了起来，严肃地告诉他："怎么又坐地上了，不是跟你说过了，一天看电视不能超过一小时，今天忙没管你，已经让你看了那么久了，我说不能再看就不能再看了！"随后，她松开小涵的胳膊，转身去收拾碗筷。妈妈没走几步，身后就传来"砰"的一声，原来小涵把放在桌子上的遥控器狠狠地砸向了电视机。

生活中，孩子发脾气的现象总是无法避免的，而面对愤怒的孩子，妈妈往往用更大的怒火去压制孩子，用更大的声音去盖过孩子的吼叫声，此时孩子也一定不会示弱，两人很快就陷入愤怒失控的境地。最终，通常都是以顿打骂，加上孩子撕心裂肺的哭闹声结束。

其实，孩子情绪失控是再正常不过的事情了，生气、发怒是人的一种本能，不分年龄，妈妈需要尽早让孩子学会控制自己的情绪。

所以，当孩子发脾气时，最忌讳的就是比孩子更愤怒。面对孩子的冲动行为，妈妈首先要做的不是去判断事情的对与错，而是应帮助孩子面对情绪，允许他们表达情绪。孩子冲动时，妈妈不妨过去抱抱他，心平气和地抚慰他，先让孩子从愤怒的情绪中走出来。当孩子已经足够平静，就鼓励孩子表达内心的想法。孩子对自己情绪的表达可能不够清楚，有的孩子会说"没有人陪我玩，我很不开心"；有的孩子会说"我不舒服，想要把东西全部打坏"……不论孩子说的是什么，只要他肯用语言来描述自己的心理，那他就已经开始有能力管理自己的情绪了。这个时候，妈妈可以跟孩子谈谈该如何面对情绪失控，并且建议他下次想要发脾气时，试着控制自己，可以尝试先回自己房间冷静一会儿或者玩一会儿其他玩具。

此外，孩子发脾气与父母息息相关。孩子总是喜欢模仿父母的言行举止，父母脾气暴躁，孩子往往也会变成爱发脾气的人。所以，父母一定要先试着压制自己的脾气，不要因为自己的情绪问题而影响孩子。

6

孩子在公共场合大哭大闹，怎么办

• • • • • • • • • • • • •

在医院、图书馆、电影院等一些公共场合，保持安静是一种基本的文明素养。然而生活中很多孩子往往不知安静为何物，尤其到了公共场合，总是肆意尖叫、吵闹。

一天，爸爸妈妈带平平去一家餐厅吃饭。这家餐厅的环境很优雅，里面还播放着舒缓的轻音乐，让人感觉很惬意。平平一到那里就显得很兴奋，一边东张西望，一边发出刺耳的尖叫声。他的动静引得周围吃饭的人纷纷皱眉侧目。

后来，平平把餐桌上用作装饰的一朵花拿在手上玩，妈妈看到后批评了他，要求他将花放回原处，平平不听，执意要玩。妈妈强行拿走花后，他放声大哭，无论爸爸妈妈如何安慰和讲道理，他都无法停止哭闹。爸爸不得不在平平撕心裂肺的哭喊声中，尴尬地向其他用餐的人表示歉意……

在公共场合，孩子大哭大闹，无论父母严厉斥责还是百般哀求，孩子都不予理会，搞得父母十分尴尬，旁观者也头疼——相信这个场景对大多数妈妈来说并不会陌生。

那么,妈妈该怎样做才能让孩子在公共场合保持安静呢?

● **提前让孩子明白哪些地方需要保持安静**

孩子年幼时,妈妈就应该教导他什么地方应该保持安静,比如带孩子去医院看望病人时,妈妈可以这样跟孩子说:"宝贝,医院里不能大声说话,因为病人需要休息。我们进去后一定要保持安静,如果有需要,你可以小声告诉妈妈。"带孩子去看电影时,可以这样告诉孩子:"宝贝,电影在放映的时候,一定要保持安静,不能大声喧哗,否则会打扰周围的人,那样做很没礼貌。"

去公共场合前,如果妈妈坚持这样教育和引导孩子,让孩子从小知道哪些地方需要保持安静,知道自己的行为可能会影响他人,长此以往,孩子就会逐渐养成遵守公共秩序的好习惯。

● **让孩子有事可做**

带孩子去公共场合前,妈妈可以准备一些书本、画笔、小玩具等,让孩子有事可做。

- **用游戏化解孩子的尖叫**

如果孩子喜欢尖叫,不妨在家中试着让他尽情尖叫,之后再小声对他说:"好了,现在我们比赛看谁的声音最小。"接着,可以和他玩游戏,比如把手举过头顶,或者抬抬脚、拍拍腿等。这样,尖叫就变成他能做的众多趣事之一了。一旦孩子在公共场合尖叫,就可以对他说:"你叫起来像一只大老虎!现在我们来试试像一只小猫咪叫吧!"通常采用这种方式,孩子很快就能安静下来。

妈妈悄悄话

孩子变"小结巴",请这样引导他

然然一进家门,便兴奋地要告诉妈妈一件事:"妈妈……我明……明天有……有个……"

这时,爸爸在一旁斥责道:"别结巴,好好说,毛毛躁躁的像个什么样子?"然然似乎更结巴了:"妈……妈……我……我……""我我我,我什么我,一句话都说不好,还是别说了!"听到爸爸的批评,然然委屈地哭了。

从那天起,然然说话时经常出现结巴的情况。三个多月过去了,然然说话结巴的情况没有丝毫改观。这让妈妈非常担心,她一直琢磨着:是不是该带孩子去看医生?

孩子突然变成"小结巴",是语言敏感期的典型特征。为什么平时说话利索的孩子,突然就说话结巴了?其实,这跟孩子语言发展的特点有关。

孩子到了三四岁的时候,语言发展会非常迅速,但孩子的语言表达能力仍处在流畅表达的初期,还不能迅速选择与想法匹配的词汇,所以,他们想说的话并不能很好地用语言表达出来。另外,三四岁的孩子已经有了逻辑思维能力,他们希望用更丰富的语言来表达自己的想法,但是其词汇储备又跟不上思维发展,导致语言和思维"脱节",于是结巴现象便出现了。所以,孩子越是急于表达,越是兴奋或紧张,就越容易结巴。一般来说,3岁以后的孩子容易出现这种说话结巴的现象,此时父母不必担心,因为这种现象是暂时的。随着思维能力及语言能力的增强,孩子说话结巴的现象就会逐渐消失。

但一些不明就里的父母会贸然带孩子去看医生，这是不提倡的，因为看医生会给孩子带来不良的心理暗示，把暂时性的现象变成永久性的。

当然，孩子出现结巴的现象时，父母无动于衷也是不对的。如果父母不注意引导，当孩子经常遇到某些问题表达不清时，就会形成一种"定式"，比如每当说某个词就结巴，发展下去很可能会成为永久性的结巴。

那么，在孩子变"小结巴"阶段，妈妈应该怎么引导呢？

● **不嘲讽、不责骂**

本来，孩子说话结巴是无意识的，妈妈不提出来，孩子自己并没有察觉。但有的妈妈听到孩子说话时结巴，就会嘲讽、挖苦孩子，或者大声呵斥孩子，甚至模仿孩子结巴的样子。这会使孩子突然意识到："我原来是这么说的！"这会让他再说那句话时，可能又会结巴。

● **耐心等待**

孩子在语言敏感期突然结巴，主要是因为词汇量不够，一时想不出要用什么词汇来表达自己的想法。在这种时候，妈妈不能着急，要鼓励孩子慢慢地说，耐心等待孩子找到他想要表达的词汇。

● **树立语言榜样**

在语言敏感期，妈妈应该为孩子树立一个好榜样，平时说话语速要适当放慢，语调要平稳，吐字要清晰，要有节奏，让孩子有一个良好的语言学习环境。一定要避免对孩子说"跟我这样说""不要那样说",也不要故意模仿孩子的发音,因为这会给孩子造成压力,使结巴更严重。

需要注意的是,如果孩子的结巴现象持续到6岁以后仍没有好转,那么可以去正规医院做个诊断,弄清楚孩子的结巴到底是心理原因还是生理原因,然后根据具体情况进行解决,以免影响孩子语言能力的发展。